ein Ullstein Buch

Über die Autoren:

Curt Bondy (1894–1972) studierte in Hamburg Psychologie. Privatdozent in Hamburg, Honorarprofessor in Göttingen. Ab 1940 Lehrtätigkeit an einem nordamerikanischen College. 1950 ordentlicher Professor für Psychologie und Sozialpädagogik, Direktor des Psychologischen Instituts der Universität Hamburg. Außer der akademischen Tätigkeit praktische sozialpädagogische Arbeit als Hilfswachtmeister, Sozialinspektor und Direktor im deutschen Jugendstrafvollzug, als Leiter eines Auswandererlehrgutes und in der Flüchtlingsarbeit in Holland, England und den USA.

Dietrich Eggert, geboren 1940, Studium der Psychologie in Hamburg und Berlin, Promotion 1969 Düsseldorf, von 1965 bis 1968 Mitarbeiter von Curt Bondy. 1968 bis 1971 am Deutschen Institut für Internationale Pädagogische Forschung in Frankfurt am Main. Ab 1971 Professor für Sonderpädagogische Psychologie an der Pädagogischen Hochschule Niedersachsen, Abteilung Hannover.

Curt Bondy

Einführung in die Psychologie

Unter Mitarbeit von Dietrich Eggert

ein Ullstein Buch

Ullstein Buch Nr. 2644
im Verlag Ullstein GmbH,
Frankfurt/M – Berlin – Wien

Originalausgabe
10. Auflage

Umschlagentwurf: Kurt Weidemann

Printed in Germany 1975
Gesamtherstellung:
Ebner, Ulm/Donau
ISBN 3 548 02644 3

Inhalt

Abkürzungen:

Abb.	= Abbildungen
A. 1, A. 2 usw.	= Anmerkungen
Hg.	= Herausgeber
L. 1, L. 2 usw.	= Literaturverzeichnis
s. S.	= siehe Seite
TA	= Taschenbuch-Ausgabe
vgl.	= vergleiche

Vorwort zur 1. Auflage

Diese »Einführung in die Psychologie« ist kein Lehrbuch für Fachpsychologen. Sie ist für Menschen bestimmt, die sich über die Probleme der Psychologie orientieren wollen.

Die Besonderheit und zugleich auch die Begrenzung dieser Schrift besteht darin, daß sie sich in erster Linie an Pädagogen und Sozialpädagogen wendet. Diese Einschränkung des Themas ergab sich aus verschiedenen praktisch-erzieherischen Aufgaben, die ich außer meiner Lehrtätigkeit durchgeführt habe: aus der Arbeit in den Jugendgefängnissen Hahnöfersand und Eisenach, der Leitung eines Auswandererlehrgutes in der Form eines Landerziehungsheimes und der Flüchtlingsfürsorge. Bei allen diesen Tätigkeiten wurde versucht, Einsichten der Psychologie in der pädagogischen und sozialpädagogischen Arbeit anzuwenden.

Die Psychologie in Deutschland befindet sich in der Nachkriegszeit in einer geradezu stürmischen Entwicklung, weil nach dem Stillstand während der nationalsozialistischen Zeit sehr viel aufgeholt werden mußte.

So geht der Wandel der Auffassungen außerordentlich schnell vor sich. Dafür ein Beispiel: Als ich im Jahre 1950 aus den USA zurückkehrte, um die Leitung des Psychologischen Instituts der Universität Hamburg zu übernehmen, fand ich erheblichen Widerstand gegen einige, teils aus den USA übernommene Gedanken: die Notwendigkeit empirischer Forschungen und experimenteller Arbeiten, die Anwendung statistischer Methoden und die stärkere Verwendung von Tests. Vor allem stieß ich auf Widerstand gegen die Einbeziehung der tiefenpsychologischen Lehren Sigmund Freuds und seiner Nachfolger in das psychologische Fachstudium.

Inzwischen ist die Behandlung dieser Gebiete zu einer Selbstverständlichkeit geworden. Mit Recht wird darauf hingewiesen, daß viele von der gegenwärtigen Psychologie vorgetragene Meinungen und Behauptungen ohne empirische und überhaupt genügend gesicherte Untersuchungen aufgestellt worden sind. So ist die Forderung vieler Psychologen durchaus verständlich, nur das in der Psychologie anzuerkennen, was empirisch erfaßbar, d.h. durch Messungen in Zahlen ausdrückbar und in Experimenten vergleichbar ist.

Gegen diese Forderung ist jedoch einzuwenden, daß es in der Psychologie auch Fragestellungen gibt, die überhaupt nicht oder zumindest heute noch nicht mit naturwissenschaftlichen Methoden zu erfassen sind. Schon darum müssen nach wie vor andere Methoden benutzt werden, auch wenn sie nicht so exakt sind.

Lehrer, Erzieher, Sozialarbeiter und Psychologen stehen in der praktischen Arbeit immer wieder vor Entscheidungen, die sie sofort fällen müssen und bei denen sie nicht auf Ergebnisse der Grundlagenforschung warten können. Sie müssen sich mit Antworten zufriedengeben, auch wenn diese nicht eindeutig gesichert sind. Man kann nur wünschen, daß sie sich der Ungesichertheit der Antworten bewußt sind; und daß die Wissenschaft sich weit mehr mit den pädagogischen und sozialpädagogischen Grundfragen beschäftigen möge.

Die vorliegende Arbeit ist entstanden aus einer Vortragsreihe, die in den Jahren 1965 und 1966 vom Deutschlandfunk unter dem Titel »Die Wissenschaft vom Seelenleben« gesendet wurde.

Hamburg, im Juni 1967 Curt Bondy

Vorwort zur 2. und 3. Auflage

Die 2. und 3. Auflage sind inhaltlich nicht wesentlich verändert. Es sind vor allem sprachliche Verbesserungen vorgenommen worden. Dagegen mußte das Literaturverzeichnis in beiden Auflagen erheblich verändert werden, um es auf dem laufenden zu halten.

Hamburg, im Juni 1969 Curt Bondy

Vorwort zur 5. Auflage

Die 5. Auflage unterscheidet sich von den vorhergehenden einmal dadurch, daß ein neuer Abschnitt über »Junge Erwachsene« im Kapitel »Entwicklungspsychologie« eingefügt worden ist. Außerdem mußte erneut das Literaturverzeichnis revidiert werden. Diese Aufgabe und die Durchsicht der Schrift hat wiederum Herr Diplompsychologe Paul Wirtgen übernommen, dem ich auch an dieser Stelle für seine Arbeit herzlich danke.

Hamburg, im Oktober 1970 Curt Bondy

Die 6., 7. und 8. Auflage wurde so gut wie nicht verändert.

I Einleitung

1

Herman Nohl, der am 27. September 1960 verstorbene Göttinger Philosoph und Pädagoge, schreibt in seiner »Einführung in die Philosophie«[1]: »Als ich einmal den alten Maler Karl Haider besuchte, fragte er mich, was ich sei, und als ich ihm mit einigem Zögern sagte, ich sei Philosoph, meinte er, das sei er auch, und wies zum Beweis auf das Buch, das er las, nämlich Goethes Briefwechsel mit Christiane. Da hatte er über das Problem der Ehe, den Sinn der Bindung in der Liebe nachgedacht, und so hatte er ›philosophiert‹. Und als ich ein paar Tage später durch die Seckauer Alpen stieg, begegnete mir dasselbe mit einem Jäger. Er fragte mich, was ich sei, ich antwortete: ›Philosoph, aber Sie werden nicht wissen, was das ist.‹ – ›O ja‹, meinte er, ›ich bin auch Philosoph; wenn ich nachts durch den Wald gehe, dann spekuliere ich über die Sterne und den Tod.‹«

Dem Psychologen ergeht es ähnlich. Jeder Laie hält sich für einen Psychologen – einen Seelenkundigen –, und in gewisser Weise nicht einmal zu Unrecht. Er versucht, sich von anderen Menschen einen Eindruck zu bilden, ihren Charakter, ihre guten und schlechten Eigenschaften, ihre besonderen Fähigkeiten und Begabungen, ihre Gedanken und Motive kennenzulernen. Bewußt oder unbewußt bedient er sich dabei der Methode, bestimmte äußerliche Merkmale wie Gesichtsform, Mienenspiel, Körperhaltung und Körperbewegung, Besonderheiten der Stimme und Sprache zu beobachten. Aus diesen Beobachtungen zieht er Schlüsse auf Gefühle, Stimmungen und Fähigkeiten sowie auf bestimmte Charaktereigenschaften, die er dann bewertet.

[1] L. 92.

Manche Menschen haben eine erstaunliche Fähigkeit, intuitiv den Charakter eines Menschen zu erfassen, dadurch, daß sie sich in ihn hineinversetzen, einfühlen und so den Eindruck interpretieren, deuten können. Wir wenden uns nicht grundsätzlich gegen diese Methode der *Intuition*, der Einfühlung; auch ein wissenschaftlich ausgebildeter Psychologe arbeitet mit ihr. Er gibt sich aber damit allein nicht zufrieden. Ein rein intuitives Urteil ist erfahrungsgemäß oft falsch. Es kann durch ungenaue Beobachtung und falsche Interpretation zustande gekommen sein.

Dafür ein Beispiel: Oft wird das Lachen ganz falsch interpretiert. Lachen ist zuweilen nicht der Ausdruck von Freude, sondern von Verlegenheit oder anderen Gefühlsregungen. Ein Kind etwa, das beim Begräbnis seiner Mutter zu lachen anfängt, wird als lieblos oder verwahrlost angesehen. Ein solches Lachen kann aber auch Ausdruck völliger Ratlosigkeit, Verzweiflung und übermäßiger Trauer sein.

Die wissenschaftliche Psychologie unterscheidet sich zunächst von der populären Menschenkunde dadurch, daß sie von den möglichen Fehlern der Beobachtung und der Deutung weiß. Der Psychologe kann ein guter Menschenkenner sein, ebenso wie es Ärzte gibt, die gute intuitive Diagnosen stellen. Sie wären aber schlechte Ärzte, wenn sie sich mit einer solchen Diagnose zufrieden gäben. Sie werden eine Reihe von Untersuchungsmethoden anwenden, um ihre Diagnose zu überprüfen. Ebenso versucht der Psychologe, das menschliche Seelenleben *mit wissenschaftlichen Methoden* systematisch zu beschreiben und zu erklären, in gewissen Grenzen Verhaltensweisen vorauszusagen und dementsprechend Ratschläge zu geben.

2

Die Einstellung der Öffentlichkeit zur Psychologie ist außerordentlich zwiespältig. Man findet heute allgemein ein großes Interesse an psychologischen Fragen. Das dürfte weitgehend auf die Situation des modernen Menschen in einer Gesellschaft zurückzuführen sein, in der Traditionen und Normen in Frage gestellt sind. Dadurch verliert der Mensch seine Selbstsicherheit und erwartet nun Antworten über sich und sein Verhalten von der Psychologie. Das kommt etwa darin zum Ausdruck, daß fast in jeder illustrierten Zeitschrift Fragen gestellt und beantwortet werden, bei denen es um die Lösung von Lebenskonflikten geht. Durch meist unzureichende Methoden soll der Leser selbst in kürzester Zeit etwa seine Intelligenz prüfen, irgendwelche besonderen Fähigkeiten an sich entdecken, den eigenen Charakter erkennen oder die Zukunft voraussagen können.
Auf den Jahrmärkten finden wir sogenannte Psychologen[1], die durch Handliniendeutung, durch Astrologie und andere geheimnisvolle Hilfsmittel ebenfalls den Charakter eines Menschen aufzudecken scheinen und behaupten, über seine Zukunft Voraussagen machen zu können.
Was die Öffentlichkeit auf diese Weise und durch viele Schriften und Bücher erfährt, ist weitgehend populäre Menschenkunde oder sogar Scharlatanerie, keineswegs aber wissenschaftliche Psychologie. Der Psychologe hat heute in der Vorstellung vieler den Platz des Zauberers eingenommen, vor dem man sich aber auch »in acht nehmen muß«, weil er einen Menschen »durchschauen« kann, seine geheimsten Regungen erkennt und über seine Missetaten Bescheid weiß.

[1] Jeder kann sich Psychologe nennen; nur der akademische Grad des Diplompsychologen ist gesetzlich geschützt.

Diese doppelseitige Haltung wird auch dem wissenschaftlich gebildeten Psychologen entgegengebracht, der acht bis zehn Semester an der Universität oder einer technischen Hochschule studiert haben muß, bevor er den akademischen Grad des *Diplompsychologen* erlangen kann. Es kommt hinzu, daß die Öffentlichkeit noch wenig darüber weiß, was ein Psychologe in seinem Beruf tut und was er erkennen kann und was nicht. Jeder weiß aber, was Juristen, Lehrer und Ärzte sind, was sie tun und was man nicht von ihnen erwarten darf.
So wird der wissenschaftlich gebildete Psychologe vorläufig noch häufig mit Angst und Mißtrauen betrachtet. Man mißtraut ihm auch deshalb, weil er oft den übertriebenen Erwartungen, die man ihm entgegenbringt, nicht gerecht werden kann.

3

Auf die Frage, was man unter *Psychologie* zu verstehen hat, kann keine eindeutige Antwort gegeben werden. Es gibt so viele Definitionen, wie es verschiedene Lehrmeinungen gibt. Die Definition, daß Psychologie die Lehre vom Seelenleben der Menschen und der Tiere sei, führt uns nicht viel weiter, bevor nicht der Ausdruck »Seelenleben« erklärt wird. Eine Richtung der heutigen Psychologie nennt sich geradezu »Psychologie ohne Seele«.
Ganz allgemein kann man sagen, daß *die Psychologie* ein Wissenschaftsgebiet ist, das sich unter anderem mit den Vorgängen der Wahrnehmung, des Denkens und des Wollens, mit Fähigkeiten wie der Intelligenz, mit Temperament wie Lebhaftigkeit oder Trägheit, mit Interessen und Einstellungen und mit dem Verhalten von Lebewesen als einzelne oder in der Gemeinschaft beschäftigt.

Um weiter zu verdeutlichen, was im folgenden unter Psychologie zu verstehen ist, soll sie in ihrer Beziehung zu fünf anderen Wissenschaften dargestellt werden: zur Philosophie, zu den Naturwissenschaften, zur Medizin, zur Soziologie und zur Pädagogik.

Die Psychologie hat sich – wie viele andere Wissenschaftszweige – seit dem letzten Jahrhundert zunehmend aus der *Philosophie* herausgelöst, in der sie bis dahin ihren festen Platz hatte. Viele Theorien in der Psychologie stehen noch unter dem Einfluß dieser Tradition. Es gibt heute noch Schulen, die Psychologie ohne Empirie überwiegend verstehend betreiben.

Die neuere Psychologie neigt mehr und mehr den *Naturwissenschaften* zu. Sie versucht, die menschlichen Verhaltensweisen empirisch und experimentell zu erforschen, und zwar mit ähnlichen Methoden, wie sie in der Physik, der Chemie oder der Biologie verwandt werden. Bei der weiter fortschreitenden Spezialisierung in allen Fächern ergeben sich dabei enge Verflechtungen zwischen der Psychologie und naturwissenschaftlichen Teilgebieten wie Biochemie, Zoologie, Biophysik. So haben in letzter Zeit etwa die aus den Naturwissenschaften stammenden Erkenntnisse der *Kybernetik*[1] und *Informationstheorie*[2] eine große Bedeutung für die moderne psychologische Forschung erlangt.

In den letzten Jahrzehnten hat sich die Zusammenarbeit von *Medizin* und Psychologie immer mehr verstärkt, und es ist eine weitere Entwicklung in dieser Richtung zu erwarten und zu erhoffen. *Physiologen* und Psychologen haben sich schon seit der Begründung der *Psychophysik* im vorigen Jahrhundert gegenseitig stark beeinflußt. Ein Psychologe braucht Kenntnisse vom Aufbau und der Funktion des Gehirns und der

[1] A. 1. – [2] A. 2.

Sinnesorgane; darum gehören bestimmte Gebiete der Physiologie zu seiner wissenschaftlichen Ausbildung.
Man versucht heute, sowohl von der körperlichen, der somatischen, als auch von der seelischen, der psychischen Seite aus die Entstehungsursachen einer Krankheit zu betrachten. Viele Erkrankungen körperlicher Art wie etwa Magengeschwüre oder Asthma können auch seelische Ursachen haben. So arbeiten auf dem Gebiet der *Psychosomatik*[1] Mediziner und Psychologen heute eng zusammen. Außerdem finden wir in steigendem Maße Psychologen in der Psychiatrie und in Kinderkliniken.
Die *Soziologie* beschreibt und analysiert überindividuelle soziale Gebilde wie Staaten, Konfessionen, Berufsgruppen, Stände, Familien und Cliquen. Die Psychologie geht dagegen von der Betrachtung des Individuums aus. Besonders die *Sozialpsychologie* befaßt sich mit den Beziehungen des Menschen innerhalb der eben genannten Gebilde. Gelangt die Soziologie bei ihrer Analyse von der größeren zur kleineren Einheit, also etwa von einem Kulturkreis bis zur Familie, so nimmt die Sozialpsychologie den umgekehrten Weg. Sie geht vom einzelnen Menschen aus und kommt bei der Betrachtung seiner Rolle in der Gemeinschaft zu den größeren gesellschaftlichen Gebilden. Hierbei kommt es notwendigerweise zu Überschneidungen von Soziologie und Sozialpsychologie.
Im Rahmen dieser »Einführung in die Psychologie« interessieren uns besonders die Beziehungen der Psychologie zur *Pädagogik*, das heißt zur Theorie der Erziehung und zur praktischen Erziehung. In steigendem Maße wird erkannt, daß Pädagogen und Erzieher fundierte psychologische Kenntnisse besitzen müssen, um wirkungsvoll arbeiten zu können.

[1] vgl. Arthur Jores und Margit von Kérekjartó, L. 63.

Man kann nicht erziehen, wenn man nicht über das Objekt der Erziehung, vor allem das Kind und den Jugendlichen, Bescheid weiß. Hierher gehören auch Kenntnisse über die Beziehungen zwischen Kind und Erwachsenen, zwischen Eltern und Kindern sowie Lehrern und Schülern, über Wesen und Verhalten des Lehrers und Erziehers und schließlich über Fragen des Lernens und Lehrens allgemein. Diese Probleme gehören vor allem in die *Kinder-* und *Jugendpsychologie* sowie in die *Pädagogische Psychologie*, ein Teilgebiet der Psychologie, das immer wichtiger wird.

Manche dieser Fragen sind in den letzten Jahrzehnten noch deutlicher geworden, weil man sich mehr mit Kindern und Jugendlichen beschäftigt hat, die sich vom Durchschnitt auffällig unterscheiden. So kann man zum Beispiel den Beginn der *Intelligenzforschung* auf die Arbeiten von Alfred BINET (1857–1911) und Th. SIMON zurückführen. Im Jahre 1904 wurden sie vom französischen Erziehungsministerium aufgefordert, in einem Komitee mitzuarbeiten, das Methoden zur Auslese geistig zurückgebliebener Kinder erforschen sollte. Ein Jahr später legten sie das erste Prüfsystem zur Auslese von Hilfsschulkindern vor. – Die Erfahrungen aus der Arbeit an verwahrlosten und kriminellen Kindern und Jugendlichen haben Wesentliches zur Kinder- und Jugendpsychologie beigetragen, vor allem durch die Arbeiten August AICHHORNS[1] (1878–1949) über Verwahrloste. Durch AICHHORN sind Prinzipien der Psychoanalyse für ein besseres Verständnis und eine wirkungsvollere Behandlung gerade dieser Gruppe von Jugendlichen eingeführt worden.

In den letzten Jahren wurden die Bemühungen um geistig und körperlich geschädigte Kinder wesentlich verstärkt. Für Blinde und Sehschwache, Taubstumme, Taub-Blinde, Sprach-

[1] L. 4.

gestörte wie Stotterer und Stammler, geistig Behinderte und schwer Körperbehinderte wurden Sonderschulen eingerichtet.

Man hat sich auch intensiver für die Errichtung von Sonderschulen, Tagesheimen und Werkstätten für schwachsinnige Kinder und Jugendliche eingesetzt, die bis dahin wegen ihrer zu geringen Intelligenz nicht als schulpflichtig angesehen worden waren. Diese Entwicklung wurde besonders durch eine von Eltern gegründete Vereinigung »Lebenshilfe für das geistig behinderte Kind« vorangetrieben. Viele dieser Kinder werden heute als praktisch bildungsfähig angesehen und durch diese Sondereinrichtungen gefördert. Viele können sogar in den Arbeitsprozeß eingegliedert werden.

Schließlich sei noch auf eine weitere Gruppe von Kindern und Jugendlichen hingewiesen, um die man sich besonders in den USA bemüht: Es sind die *hochintelligenten* Kinder[1], die in den allgemeinen Schulen nicht genügend gefördert werden. So wie man für die Schwachbegabten Sonderschulen hat, richtet man heute auch für die Hochbegabten besondere Kindergärten und Schulen ein. Dort befinden sie sich in Gruppen, aus denen sie nicht besonders hervorragen und in denen entsprechend stärkere Anforderungen an sie gestellt werden. Dadurch lernen sie schneller und mehr als sonst. In einigen dieser Sonderschulen ist nicht nur eine besonders hohe Intelligenz erforderlich, sondern es werden auch überdurchschnittlich hohe schöpferische Fähigkeiten (creativity)[2] für die Aufnahme verlangt.

Sowohl in der Diagnose als auch in der Behandlung aller dieser Sondergruppen hat sich die Mitarbeit von Psychologen bewährt.

[1] A. 3. – [2] Gisela Ulmann, L. 130.

Ein kurzer Exkurs in die *Geschichte* der Psychologie[1] soll uns so weit führen, daß die neueren Theorien und Ansätze, die in den folgenden Kapiteln behandelt werden, direkt daran anschließen. Schon in der Antike haben sich verschiedene Wissenschaftsgebiete mit Problemen beschäftigt, die heute vor allem von der Psychologie behandelt werden.
Als Beispiel hierzu sei der griechische Philosoph PLATO (427 bis 347 v. Chr.) genannt, der mit seiner Schichtentheorie ein psychologisches Persönlichkeitsmodell geschaffen hat und der sich mit Problemen des Denkens und der Wahrnehmung beschäftigte. Die Ärzte EMPEDOKLES (etwa 450 v. Chr.), HIPPOKRATES (etwa 400 v. Chr.) und GALENUS (130–201 n. Chr.) haben den kosmischen Elementen Luft, Erde, Feuer und Wasser entsprechende Körpersäfte im Menschen zugeordnet: Blut, schwarze und gelbe Galle und Schleim. Diesen Zuordnungen wiederum entsprachen die vier *Grundtemperamente*: sanguinisch, melancholisch, cholerisch und phlegmatisch. Damit war man bereits damals auf das Prinzip des *psychophysischen* — körperlich-seelischen — *Zusammenhanges* gestoßen. ARISTOTELES (384 bis 322 v. Chr.) hat in seinem philosophischen System Mathematik und Physik als theoretische Disziplinen bezeichnet. Die Psychologie wurde als Teil der Physik betrachtet. Dabei ging er von der Beobachtung von Tatsachen als auch von rein philosophischen Gedankengängen aus.
Im Mittelalter führte man vor allem die Aristotelische Psychologie weiter und versuchte sie mit der christlichen Lehre in Verbindung zu bringen.
Durch die Philosophen der *englischen Aufklärung*, wie etwa David HUME (1711–1776), wurde der Begriff der *Empirie* ein-

[1] A. 4.

geführt, das heißt die Erkenntnisweise, die sich auf reale Erfahrungen und nicht auf rein denkerisch gewonnene Einsichten stützt. Dieser Gegensatz von Empirie und Philosophie spielt auch heute noch in Auseinandersetzungen innerhalb der Psychologie eine bedeutsame Rolle. Auch die *Vermögenspsychologie*, die Aufstellung grundlegender »Seelenvermögen« wie Denken, Fühlen und Wollen, entstand in dieser Zeit.

Der Begriff »Psychologie« wurde von Philipp MELANCHTHON (1497–1560) geprägt und von Christian WOLFF (1679–1754) in seiner »*Rationalpsychologie*« weiter verbreitet. Die Psychologie als eigenständige Wissenschaft und damit ihre Trennung von der Philosophie geht aber auf Johann Friedrich HERBART (1776–1841) zurück. Er hat in einer Verschmelzung von Philosophie, Psychologie und Pädagogik die *Erziehung* als Hauptgebiet der angewandten Psychologie bezeichnet. Das naturwissenschaftliche Experiment in der Psychologie lehnte er jedoch ab, da man seiner Meinung nach mit dem Geist nicht experimentieren könne.

Bei den Psychophysikern Ernst H. WEBER (1795–1878) und Gustav Th. FECHNER (1801–1887) begegneten sich *Physiologie* und *Psychologie*. In den »Elementen der Psychophysik« (1860) suchte Fechner gesetzmäßige Beziehungen zwischen den meßbaren Gegebenheiten der physikalischen Umwelt und deren psychischer Widerspiegelung; d.h. er suchte Gesetze des Zusammenhangs zwischen Reizen und Empfindungen. Er fand, daß viele der beobachteten Reaktionen mathematisch beschrieben werden können.

Der englische Vererbungsforscher Francis GALTON (1822 bis 1911) meinte, daß der unser Verhalten bestimmende Charakter etwas genau Abgegrenztes und Dauerhaftes sei. Er machte den bis heute nicht realisierbaren Vorschlag, Durchschnittswerte von Charaktereigenschaften in den verschiedenen

Altersstufen des Menschen mit Hilfe umfangreicher statistischer Erhebungen zu gewinnen.

Als Vater der experimentellen Richtung der Psychologie gilt der Leipziger Philosoph und Psychologe Wilhelm WUNDT (1832–1920), der vorher Professor der Physiologie in Heidelberg war. Seine besondere Bedeutung für die Psychologie liegt in der Einrichtung des ersten Laboratoriums für experimentelle Psychologie in Leipzig (1879). Er hat die Psychologie durch methodische Grundlegungen und Experimente außerordentlich bereichert. In seinem Alterswerk »Völkerpsychologie« sind schon wesentliche Gesichtspunkte der heutigen Sozialpsychologie vorweggenommen. Über seine Schüler J. McKeen CATTELL (1860–1944), Edward B. TITCHENER (1867–1927) und C. E. SPEARMAN (1863–1945) gelangte die experimentelle Psychologie nach England und in die USA.

Schon bei den Versuchen Wilhelm WUNDTS im psychologischen Laboratorium zeigte sich, daß naturwissenschaftliche Methoden nicht auf alle psychologischen Probleme anwendbar sind. Die deutschen Psychologen Oswald KÜLPE (1862 bis 1915) und Narziß ACH (1871–1946), die Schöpfer der *Denkpsychologie*, sahen die Grenzen der Laboratoriumsuntersuchungen. Vor allem meinten sie, daß man den Menschen nicht abgelöst von seiner Umwelt im Laboratorium ohne die Interaktion, d.h. sein Zusammenwirken mit anderen, betrachten kann.

Im Gegensatz zur *naturwissenschaftlichen* Psychologie entstand in Deutschland am Ende des vorigen Jahrhunderts unter Führung des Philosophen Wilhelm DILTHEY (1833–1911) die *Geisteswissenschaftliche Psychologie*. Mit seinem Satz »Die Natur erklären wir, das Seelenleben aber verstehen wir« wandte er sich gegen die zergliedernden und atomistischen Methoden der Experimentalpsychologie.

Die geisteswissenschaftliche Psychologie versucht, das seelische Erleben mit Hilfe der *Intuition*, d. h. mit dem Einfühlen, dem Sichhineinversetzen in den anderen Menschen, zu erforschen. Intuition allein genügt aber nicht. Erst das Einordnen des psychischen Erlebens in einen größeren Rahmen außerhalb des Individuums und die Kenntnis der objektiven Zusammenhänge ermöglichen tiefere Einsichten. So versucht etwa Eduard SPRANGER (1882–1963) in seiner »Psychologie des Jugendalters«[1] ein Verständnis der Jugend dadurch zu erreichen, daß er sie im Zusammenhang mit verschiedenen Kulturgebieten betrachtet.[2]
Das Schwergewicht der heutigen wissenschaftlichen Arbeit in der Psychologie liegt aber nicht mehr auf dem Gebiet der geisteswissenschaftlichen, sondern auf dem der naturwissenschaftlichen Psychologie.

[1] L. 119. – [2] A. 5.

1

Zwei amerikanische Psychologen, Clyde KLUCKHOHN und Henry A. MURRAY[1] (geb. 1893), haben gesagt, jeder Mensch sei in gewisser Hinsicht wie alle anderen Menschen, wie einige andere Menschen und wie kein anderer Mensch. Diese Bemerkung ist gut geeignet, die Allgemeine Psychologie und die Differentielle Psychologie gegeneinander abzugrenzen. Die Allgemeine Psychologie beschäftigt sich vor allem mit den Fakten, bei denen jeder Mensch wie alle anderen Menschen ist, also allgemein mit dem Erleben und Verhalten der Menschen. Die Differentielle Psychologie dagegen bemüht sich um den Aspekt von Verhaltens- und Erlebnisweisen, nach dem der Einzelne so ist, wie einige andere Menschen oder wie kein anderer; sie untersucht also in erster Linie *die* Persönlichkeitsmerkmale, in denen Menschen differieren, d. h. sich voneinander unterscheiden.

Die Allgemeine Psychologie umfaßt seelisches Geschehen, wie Wahrnehmung, Lernen, Denken, Gefühle und Triebe, also *allgemeine* Erlebnisweisen des Menschen. William STERN (1871–1938) definiert die Allgemeine Psychologie[2] als die Wissenschaft von der erlebenden und der erlebnisfähigen Person. Aufgabe der Allgemeinen Psychologie sei die Erforschung und die Beschreibung der Grundlagen des *Erlebens*.

Zum Verständnis des seelischen Geschehens muß der Psychologe auch die Grundprinzipien der Anatomie und der Physiologie heranziehen, wie etwa Aufbau und Funktion der Sinnesorgane, des zentralen und vegetativen Nervensystems

[1] L. 69. – [2] L. 121.

und des endokrinen Systems. Nur dann kann er Erlebens- und Verhaltensweisen richtig deuten.
Einzelne Körperfunktionen sind im Gehirn, vor allem in der Hirnrinde, lokalisiert; zum Beispiel werden bei Schädigung bestimmter Teile des Gehirns[1] einzelne Fähigkeiten, wie Sprechen oder Sehen, beeinträchtigt oder fallen ganz aus. Wenn beispielsweise ein Kind wegen eines Sprachfehlers in eine Erziehungsberatungsstelle kommt und die Eltern berichten, das Kind habe vor einiger Zeit bei einem Autounfall eine Gehirnerschütterung erlitten, und der Sprachfehler sei erst seit dieser Zeit bemerkt worden, so wird man in den Tests Hinweise auf eine hirnorganische Schädigung suchen und gegebenenfalls eine spezielle ärztliche Untersuchung vorschlagen. Weiß der Psychologe nicht um eine solche Möglichkeit der *Hirnschädigung*[2], so läuft er Gefahr, Fehldiagnosen zu stellen und etwa den Sprachfehler als eine neurotische Störung zu diagnostizieren und zu behandeln.

2

Bei den Bemühungen der *Psychophysik* in der Mitte des vorigen Jahrhunderts, die als ein Anfang der naturwissenschaftlichen Orientierung in der Psychologie betrachtet werden kann, ging es darum, allgemeine Gesetzmäßigkeiten in den Beziehungen zwischen Reizen und Empfindungen festzustellen. Die Arbeiten des Physiologen Ernst H. WEBER über den *Tastsinn* sind bedeutsame Anfänge auf diesem Gebiet. Unter anderem wurde dabei untersucht, wie groß ein Reiz, etwa der Druck eines Gewichtes, sein muß, damit er überhaupt empfunden wird. Oder man befaßte sich mit der

[1] Grey WALTER, L. 131. – [2] siehe Reinhart LEMPP, L. 78, und Manfred MÜLLER-KÜPPERS, L. 90.

Frage, wie groß der Unterschied zwischen zwei Reizen, z. B. zwischen zwei Gewichten, sein muß, damit sie als unterschiedlich wahrgenommen werden. Unter *Wahrnehmung*[1] verstehen wir das, was uns die Sinnesorgane wie Auge, Nase, Ohr, Zunge und Haut von unserer Umwelt vermitteln.

Aus dem Gebiet der visuellen Wahrnehmung sei hier ein Beispiel herausgegriffen: Wenn wir einen Bekannten auf der Straße sehen, der langsam auf uns zukommt, so erscheint er uns nicht erst als kleiner, und wir bemerken dann, wie er größer wird, sondern wir sehen ihn von Anfang an so, wie wir ihn kennen, in seiner gewohnten Größe. Obwohl das auf der Netzhaut erscheinende Bild zunächst wirklich kleiner ist und erst dann, wenn der Bekannte sich nähert, langsam größer wird, ist uns diese Veränderung nicht bewußt.

Wie kann dieser gleichbleibende Eindruck entstehen, obwohl sich das auf die Netzhaut projizierte Bild verändert? HELMHOLTZ (1821–1894) versuchte schon 1866 dieses »*Konstanzphänomen*« dadurch zu erklären, daß wir beim Wahrnehmen »unbewußte Schlüsse« aus einer Vielzahl von Orientierungsmerkmalen ziehen, die alle zusammen mit verarbeitet werden und den beschriebenen konstanten Eindruck bewirken. Hierbei spielen unter anderem auch Augapfel- und Kopfbewegungen, die das Wandern des projizierten Bildes auf der Netzhaut hervorrufen und die das *Tiefensehen* bewirken, sowie Erfahrung und Gewöhnung eine große Rolle.

Es ist andererseits auch möglich, daß wir Objekte, die einander völlig gleichen, vor einem anderen Hintergrund ganz verschieden wahrnehmen. Es handelt sich dabei um *optische Täuschungen*[2]. So werden etwa bei der *Müller-Lyerschen Täuschung* zwei gleich lange Linien als verschieden lang gesehen,

[1] KRECH und CRUTCHFIELD, L. 72. – [2] Abb. 1, S. 26.

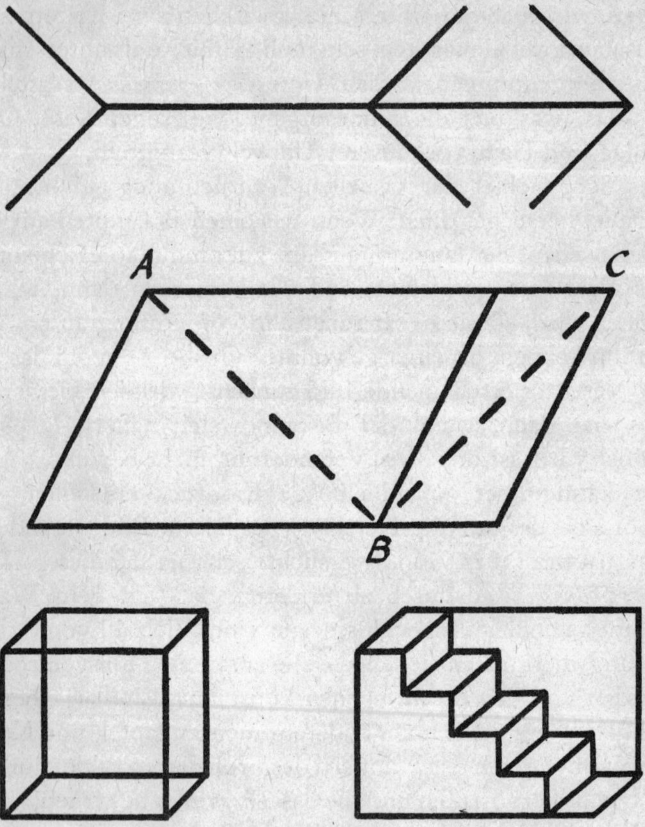

Abb. 1: Geometrisch-optische Täuschungen.

Oben: Die Müller-Lyersche Täuschung.

Mitte: Das Parallelogramm. Zwei objektiv gleich lange Strecken A–B und B–C erscheinen ungleich.

Unten: Zwei sogenannte Kippfiguren. Würfel und Treppe erscheinen dem Betrachter bei längerer Beobachtung in der Perspektive wechselnd nach vorn oder nach hinten räumlich ausgedehnt.

wenn an der einen Linie nach innen gebogene, an der anderen nach außen gerichtete Gerade angebracht werden.

Auch scheinen wir beim Wahrnehmungsprozeß die Vielfalt der uns umgebenden Gegenstände nach bestimmten Gesetzmäßigkeiten zu ordnen.

Mit der Untersuchung derartiger Erscheinungen hat sich hauptsächlich die *Gestaltpsychologie* beschäftigt, die als eine Richtung der Wahrnehmungspsychologie begann. Später wurde sie zu einer Schule der Allgemeinen Psychologie, die bald über den Bereich der Wahrnehmung hinaus in allen menschlichen Handlungen die Gesetze der Ganzheit und der Gestalt sah. Mit dem Leitsatz, daß »das Ganze mehr ist als die Summe seiner Teile«, wendeten sich die Gestaltpsychologen gegen die Annahme der Psychophysiker oder »*Elementaristen*«, daß das seelische Geschehen aus unabhängigen einzelnen Teilen zusammengesetzt sei.

Wahrnehmung, Denken, Fühlen, Handeln stellen demnach mehr dar als die Summe ihrer einzelnen Elemente. So besteht eine Melodie aus Elementen, nämlich den Tönen. Die Melodie bleibt aber auch eine in sich geschlossene ganze Gestalt, wenn sie etwa in eine andere Tonart transponiert wird, d. h. wenn die Töne sich zwar ändern, aber das Schwingungsverhältnis der einzelnen Töne zueinander gleichbleibt. So ist mithin die Melodie mehr als die Summe ihrer Töne.

Die Gestaltpsychologie begann 1912 mit Arbeiten von Max Wertheimer (1880–1943) und wurde in den zwanziger Jahren von der »*Berliner Schule*«, Kurt Koffka (1886–1941), Wolfgang Köhler (1887–1967) und Kurt Lewin (1890 bis 1947) weiter entwickelt. Sie wird heute in Deutschland vor allem von Wolfgang Metzger (geb. 1899) vertreten[1].

In seinen berühmt gewordenen Versuchen mit Affen während

[1] L. 88.

des ersten Weltkrieges auf Teneriffa[1] erklärte KÖHLER das Lernen mit Hilfe der Gestalttheorie. Den Affen, die sich in einem Käfig befanden, wurden Bananen dargeboten, die außerhalb ihrer Reichweite lagen. Im Käfig befanden sich Werkzeuge, wie Kisten, Bambusstöcke usw. Der Affe konnte nur mit Hilfe der Werkzeuge die Banane heranholen. Nach Ansicht KÖHLERS »lernt« der Affe erst dann, wenn er »zur *Einsicht* gelangt«, das heißt, wenn er das Ziel (die Banane) und das Werkzeug (Stock und Kiste) in einem strukturierten Gestaltzusammenhang sieht.

3

Die Untersuchung der Vorgänge des *Lernens*[2] ist heute ein wichtiges Gebiet der Allgemeinen Psychologie. Jede Veränderung einer Verhaltensweise auf Grund vorhergehender Erfahrung ist ein Lernprozeß. Dieser psychologische Begriff des Lernens ist also weiter gefaßt als der übliche Begriff des Lernens in der Schule. Das Kind lernt schrittweise im Laufe seiner Entwicklung, sich an die Anforderungen seiner Umgebung anzupassen. Es lernt später in der Schule und in seiner weiteren Ausbildung. Aber auch der erwachsene Mensch lernt täglich hinzu, etwa wenn er sich mit technischen Neuerungen seine Arbeit zu erleichtern sucht.
Man muß *Lernen*, *Reifung* und *Übung* voneinander unterscheiden. Dabei verstehen wir unter Reifung einen Entwicklungsprozeß, der spontan ohne viel Lernen vor sich geht. Übung ist eine Art des Lernvorganges, in der eine bestimmte Tätigkeit wiederholt ausgeführt wird, um zu einem Lernerfolg zu kommen. Wir wissen, daß bei niederen Tieren

[1] L. 70. – [2] Klaus FOPPA, L. 36.

allein durch Reifung volle Tätigkeit stattfinden kann. Beim Menschen dagegen gibt es wenig, was sich nur durch Reifung ohne jegliche Übung entwickelt. So müssen wir Leistungen beim Menschen im allgemeinen als die Folgen von Reifung *und* Lernen betrachten. Dabei ist bei verschiedenen Reifungsstufen mehr oder weniger Übung nötig. Je größer die Reifung, desto weniger Übung ist erforderlich. So gibt es bei jeder Tätigkeit einen optimalen Zeitpunkt, an dem Übung einsetzen sollte.

Das gilt etwa für die Reinlichkeitserziehung oder das Lernen von Lesen und Schreiben. Dabei muß beachtet werden, daß der optimale Zeitpunkt für das Lernen bestimmter Leistungen individuell jeweils sehr unterschiedlich sein kann. So mag ein Kind schon mit fünf Jahren oder noch früher schulreif sein und ein anderes erst mit sieben oder acht Jahren. Solche Schwankungen in der Entwicklung liegen meist im Spielraum des Normalen. Nach vollendeter Reifung ist auch für die Übung eine Grenze erreicht, die nicht mehr überschritten werden kann.

Für diese allgemeinen Feststellungen sollen zwei Beispiele genannt werden: Eine Versuchsgruppe von Kaulquappen wurde zunächst in einer anästhetischen Lösung gehalten, in der sie nicht schwimmen konnte. Eine Vergleichsgruppe wurde in gewöhnlichem Wasser aufgezogen. Erst als diese Gruppe schwimmen konnte, wurde die erste, die Versuchsgruppe, in gewöhnliches Wasser gesetzt und konnte nun ohne Übung lediglich auf Grund der Reifung schwimmen.

Der zweite Versuch: Kinder gleichen Alters wurden in zwei Gruppen geteilt, eine Versuchs- und eine Vergleichsgruppe. Auf dem Kinderspielplatz durfte die Vergleichsgruppe sofort auf Leitern klettern, wohingegen die Versuchsgruppe erst zwölf Wochen später, nachdem alle Kinder der Vergleichsgruppe das Klettern gelernt hatten, an die Leitern herangelassen wurde. Der Erfolg war, daß alle Kinder der Versuchsgruppe schon nach *einer* Woche die Leitern erklettern konnten, d.h. also, daß die Reifung inzwischen fortgeschritten und für diese Gruppe weniger Übung nötig war, um zu demselben Erfolg wie die Vergleichsgruppe zu kommen.

Dagegen sind zum Spracherwerb[1] sowohl Reifung als auch Lernen notwendig. Ohne die Anregung von außen wird ein Kind zwar laufen, aber nicht sprechen lernen.

Werden einem Kind die für seine Entwicklung notwendigen Reize der Umwelt entzogen, z.B. wenn es isoliert von Menschen aufwächst, so wird es nicht sprechen lernen; auch wird es im Gesamt seiner Leistungen weit hinter gleichaltrigen Kindern zurückstehen, die in einer normalen Umwelt unter anderen Menschen groß geworden sind. Hinweise darauf finden wir in den Berichten über die »wilden« Kinder oder die »Wolfskinder« in Indien.

Die Intelligenz eines Kindes kann unterschätzt werden, wenn es in einer sozialen Umwelt aufwächst, die seine geistigen Fähigkeiten nicht in dem Maße beansprucht, das diese zur vollen Ausprägung benötigen. Das kann dann z.B. der Fall sein, wenn ein Kind wegen einer körperlichen Mißbildung nicht zur Schule geschickt wird oder ohne Erziehung und Behandlung schwer hirngeschädigt ist oder nicht mit anderen Kindern spielen kann, oder auch von den Eltern keine geistigen Anregungen erhält. In einem Intelligenztest, der weitgehend sprachliche Fähigkeiten erfaßt, würde ein solches Kind u.U. den Eindruck eines Schwachsinnigen machen, obwohl seine tatsächliche Leistungskapazität viel höher liegt. Würde es intensiv heilpädagogisch betreut, so könnte sich in einem solchen Fall nach nicht allzu langer Zeit im Test ein

[1] Hans Hörmann, L. 53.

ganz anderes Bild ergeben und das Kind einen seiner Kapazität entsprechenden Intelligenzquotienten erreichen.
Was geht nun vor, wenn etwas erlernt wird? Da sich beim Menschen ein Lernvorgang wegen der komplizierten Wechselwirkung mit der Umwelt nur schwer, an Tieren aber leichter im Experiment erfassen läßt, sind seit langem *Tierversuche* hierüber angestellt worden. Der russische Physiologe Ivan P. Pawlow (1849–1936) gab im Jahre 1897 bei der Fütterung von Hunden gleichzeitig ein bestimmtes Klingelzeichen[1]. Er stellte durch Ableiten des Speichelflusses mit Hilfe einer Fistel fest, daß nach häufiger Wiederholung dieser Koppelung von Klingelsignal und Futterdarbietung die natürliche Reaktion auf das Futter, der Speichelfluß, bei den Tieren auch dann eintrat, wenn das Glockenzeichen ohne Futter gegeben wurde. Die Untersuchungen Pawlows über diesen sogenannten *konditionierten Reflex*, die bedingte Antwort, wurden Ausgangspunkt wichtiger Lerntheorien.
In den Vereinigten Staaten hat sich besonders die Schule des *Behaviorismus*, als deren Begründer John B. Watson (1878–1958) und Edward L. Thorndike (1879–1949) gelten, mit den Problemen des Lernens beschäftigt. Die Behavioristen lehnten Selbstbeobachtung und unmittelbares Verstehen fremden Seelenlebens als unwissenschaftliche Methoden ab. Sie wollten das Verhalten von Mensch und Tier nur beobachten und registrieren, nicht aber intuitiv erfassen und deuten. Unter dem Eindruck der Versuche Pawlows betrachteten sie den Einfluß der *Umwelt* als wesentlichsten Beitrag zur Entwicklung des Menschen. Im Wechselspiel von Umweltreizen und Reaktionen des Organismus sahen sie als Ziel der Entwicklung des Menschen eine größtmögliche *Anpassung* an seine Umwelt.

[1] Abb. 2, S. 32.

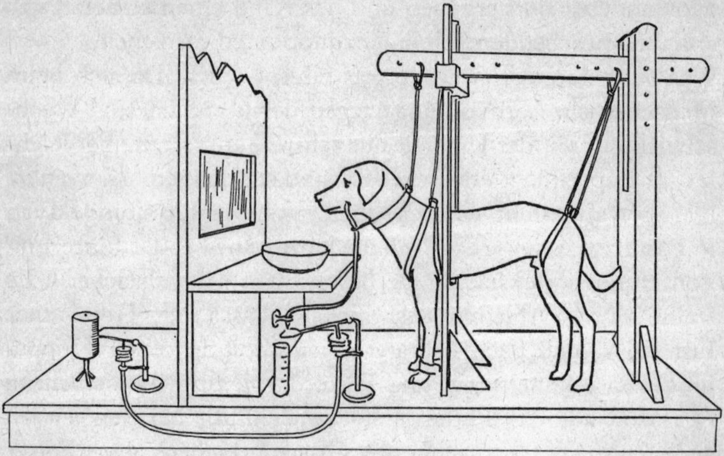

Abb. 2: Die Versuchsanordnung Pawlows zur Untersuchung des konditionierten Reflexes.

Hier ist der von John B. WATSON an Albert durchgeführte Versuch besonders interessant[1]. WATSON hatte dem 11 Monate alten Albert experimentell Angst vor einer weißen Ratte konditioniert, also über einen bedingten Reflex angelernt. Immer wenn Albert die geliebte weiße Ratte berührte, wurde er durch ein lautes Geräusch erschreckt. Nach einiger Zeit wagte er nicht mehr, die Ratte zu berühren. WATSON gelang es nun, diese Reaktion wieder auszulöschen, indem er Albert weiche Felle in die Hand gab und ihn jedesmal mit einem Bonbon oder einer Liebeszuwendung belohnte, wenn er das Fell streichelte.

Den Ausgangspunkt der *Lerntheorien* bildeten umfangreiche *Tierversuche*, in denen vor allem bedingte Reflexe studiert wurden, die als Modell des Lernens galten. THORNDIKE

[1] L. 132.

untersuchte schon 1898 das Verhalten von Albinoratten in einem *Labyrinth*, wenn sie einer neuen Situation gegenüberstanden: sie probierten so lange, bis sie das Labyrinth verlassen konnten. Seit Thorndike wird das »*Lernen am Erfolg*« vor allem mit Hilfe von Labyrinthen und Problemkäfigen untersucht. Bei *Problemkäfigen* muß das Tier einen Mechanismus finden, dessen Betätigung ihm entweder einen Weg aus seinem Käfig freigibt oder eine Klappe öffnet, hinter der sich Futter befindet. Beim Labyrinth muß das Tier einen bestimmten Weg zur Erreichung des Zieles ausfindig machen. Der letzte Durchlauf durch das Labyrinth, der zum Ziel geführt hat, wird im Gedächtnis behalten. Das Tier hat den Weg »gelernt« und wird auch in Zukunft diesen mit Futter belohnten Weg mit Erfolg durch das Labyrinth einschlagen. Dies ist das Thorndikesche *Gesetz des Effektes*.
Nach der *Lerntheorie* von Clark L. HULL (1884–1952) ist für das Lernen die Verringerung einer Triebspannung entscheidend, die dann eintritt, wenn der richtige Weg gefunden worden ist. Diese Verminderung der Spannung ist die Befriedigung. Die Ratte wird immer dann lernen, wenn eine Handlung mit einer Befriedigung zusammenfällt. Dagegen meint Edward C. TOLMAN (1886–1959), daß die Ratte den Weg durch ein Labyrinth nicht lernt, weil sie bei richtiger Reaktion befriedigt wird, sondern weil sie ein *Zielbewußtsein* hat, d.h. die Ratte hat gelernt, sich zu orientieren. Nach TOLMAN bedarf die Ratte keiner Belohnung am Ziel, sondern die erfüllte Zielerwartung ist Belohnung genug.
Burrhus F. SKINNER (geb. 1904), der sich zuerst dem Studium von Lernvorgängen bei Tieren gewidmet hatte, übertrug seine systematisch gewonnenen Erfahrungen auch auf das menschliche Lernen[1]. Später wurden in vielen anderen

[1] L. 114.

Untersuchungen die vorhin genannten Lerntheorien dazu benutzt, den schulischen Lernvorgang praktisch zu verbessern[1]. Dabei geht es im wesentlichen darum, den Unterrichtsstoff in kleinste Erkenntnisschritte so aufzugliedern, daß sie in Form von einfachen Feststellungen und Fragen dargeboten und anschließend die Antworten sofort als richtig oder falsch bewertet werden. Man nennt diese Darbietung des Stoffes ein »Programm«. Wenn der Lehrer dieses Lehrprogramm mit der Klasse durcharbeitet, so spricht man von *programmiertem Unterricht*. Wenn dagegen eine Maschine das Lehrprogramm darbietet und bewertet, spricht man von einer *Lehrmaschine*.

Die Meinungen über den Wert der Lehrmaschinen sind vorläufig noch uneinheitlich. Im Gegensatz zu Lehrbüchern, Filmen, Tonbändern und Fernsehen befassen sich Lehrmaschinen nicht nur mit der Darbietung des Stoffes. Sie übernehmen gleichzeitig auch Funktionen des Lehrers, indem sie Arbeitsanweisungen geben, deren Durchführung überwachen und sofort entscheiden, ob eine Antwort richtig ist. Ein Vorteil der Lehrmaschine dürfte die Anpassung des Lerntempos an die individuelle Arbeitsgeschwindigkeit des Schülers sein. Als weiterer Vorteil wird angegeben, daß das Interesse und der Antrieb des Schülers in erster Linie auf die Sache bezogen bleibt. Im Lernen an Maschinen erfährt der Schüler sofort seine Fortschritte, was im Klassenunterricht meist nicht möglich ist. Schließlich wird durch die Mitwirkung der Maschine der Lehrer entlastet.

Als Gegenargumente werden vor allem genannt, daß gerade die Beziehung Lehrer–Schüler ein wichtiger Aspekt in der Motivierung zum Lernen ist, und außerdem ist es heftig

[1] vgl. Werner Correll, L. 25.

umstritten, ob schöpferische Fähigkeiten im programmierten Unterricht entwickelt werden können.

4

Das Denken[1] ist ein weiterer Problemkreis der Allgemeinen Psychologie, den man mit sehr verschiedenen Methoden untersucht. Unter Denken wird einmal eine Art Probehandeln verstanden, das dann einsetzt, wenn eine Handlung unterbrochen und das weitere Vorgehen überlegt wird, zum anderen versteht man unter Denken die Erfassung und Herstellung von Beziehungen und Sinnzusammenhängen.
Die dem Denken zugrunde liegenden Vorgänge werden theoretisch unterschiedlich erklärt. Die ältere Psychologie verstand das Denken als ein Verknüpfen von Vorstellungen, von Assoziationen. Dagegen meinten die Psychologen der sogenannten *Würzburger Schule* unter Oswald Külpe, daß das Denken im Gegensatz zu den richtungslosen Assoziationen unter dem Einfluß bestimmender, determinierender Tendenzen geschehe *(Determinationstheorie)*. Weitere Versuche einer Theorie stammen aus dem Bereich der Lerntheorie und aus der Gestaltschule.
Ein Denkvorgang geschieht nicht immer auf einer besonders hohen Bewußtseinsstufe. Oft steht am Ende eines Lösungswegs ein »*Aha-Erlebnis*«, bei dem plötzlich in einer Art von Eingebung die gesuchte Lösung erscheint.
Einzelne Vorgänge beim Denken sind das Vergleichen, das Abstrahieren und das Verknüpfen von Bewußtseinsinhalten. Gut untersuchte Leistungen des Denkens sind das Urteilen, das Schlußfolgern und das Bilden von Begriffen. Eine wesent-

[1] Carl F. Graumann, L. 49.

liche Bedeutung für die Denkvorgänge besitzt die Sprache als Hilfsmittel und die Intelligenz, die als Voraussetzung für Sprachbeherrschung und Denkfähigkeit gilt.
Das Denken kann man nach verschiedenen Gesichtspunkten ordnen: nach dem Inhalt in praktisches oder theoretisches Denken, nach dem Weg in sprunghaftes und in schrittweises, nach dem Ergebnis in schöpferisches oder nachvollziehendes und nach der Kontrolle in kritisches und unkritisches Denken. Der Ablauf des Denkens kann geordnet und konzentriert vor sich gehen oder durch viele Assoziationen und wechselnde Aufmerksamkeit schwankend und unkonzentriert sein.

5

Die *Gefühle* des Menschen sind so vielfältig, daß es schwerfällt, eine allgemeingültige Einteilung für sie zu finden. Die Versuche, Gefühle etwa nach Lust und Unlust oder nach niederen oder höheren aufzuteilen, bleiben unbefriedigend. Als Beispiel sei hier der Vorschlag von Wilhelm Wundt aus dem Jahre 1896 angeführt, die Gefühle in drei verschiedene, voneinander unabhängige Begriffspaare: Lust–Unlust, Spannung–Lösung, Erregung–Beruhigung, einzuteilen. William McDougall (1871–1938) versuchte 1918 eine Einteilung der Gefühle nach Trieben und Instinkten vorzunehmen, wohingegen Philipp Lersch (geb. 1898) die Gefühle danach aufgliedert, ob sie aus dem vitalen Bereich oder aus dem geistigen Oberbau der Persönlichkeit stammen[1].
Außerdem versucht man, von der Beobachtung körperlicher Erscheinungen auf Gefühle zu schließen. In der Alltags-

[1] L. 79.

sprache finden sich viele Zusammenhänge von Gefühlen und körperlichen Erscheinungen[1]: Wenn man Angst hat, »bleibt einem die Luft weg«, vor Aufregung »zittern die Glieder«, man weint »vor Freude« und so weiter.

Die Beobachtung der *psychogalvanischen Reaktion* (PGR), der Änderung des elektrischen Leitungswiderstandes der menschlichen Hautoberfläche bei psychischer Erregung, hat zur Konstruktion des umstrittenen *Lügendetektors* geführt. Dieses Gerät registriert Atemhäufigkeit, Pulsschlag und PGR gleichzeitig. Die gemessenen Werte verändern sich bei Aufregung. Man nimmt nun an, daß z.B. bei einem Verhör die verdächtigte Person dann Zeichen von Aufregung zeigt, wenn etwa eine Frage gestellt wird, deren Beantwortung nur dem Täter möglich ist. Aus der im Lügendetektor gemessenen Reaktion werden dann Folgerungen auf die Täterschaft des Befragten gezogen. Dabei besteht aber die Möglichkeit, daß die Aufregung, die vom Lügendetektor registriert wird, nicht notwendigerweise auf eine Lüge oder ein Schuldgefühl, sondern auf eine ganz andere Ursache zurückgeführt werden kann. Der Lügendetektor als Mittel der Wahrheitsfindung ist deshalb den Beweis seiner allgemeinen Brauchbarkeit bislang schuldig geblieben. Von deutschen Gerichten werden Ergebnisse von Untersuchungen mit einem Lügendetektor nicht anerkannt.

6

Zum Abschluß dieses Teiles über die Allgemeine Psychologie sollen noch die menschlichen *Triebe* besprochen werden: Der Mensch hat eine Anzahl grundlegender Bedürfnisse, die sein Verhalten bestimmen. Er braucht unter anderem: Sauerstoff,

[1] Jochen Fahrenberg, L. 32.

Wärme, Nahrung, Flüssigkeit, Schlaf, gefühlsmäßige Zuwendung und sexuelle Befriedigung. Bisher ist noch keine zufriedenstellende Einteilung der Triebe gefunden worden. Lutter L. BERNARD[1] hat sich schon 1924 der Aufgabe unterzogen, alle von verschiedenen Autoren angenommenen Triebe oder Instinkte zusammenzustellen, und er kam auf die Zahl von insgesamt 5684 verschiedenen Trieben. Heute geht man in der Psychologie mit dem Triebbegriff vorsichtiger um. Wir glauben zu wissen, daß die Verhaltensweise eines Menschen sich aus dem schwer erkennbaren Zusammenwirken von vielerlei Antrieben und Motivationen herleiten läßt. Dabei bleibt meist auch die Frage offen, inwieweit es sich jeweils um ererbte oder erlernte Antriebe handelt.

[1] L. 13.

III Differentielle Psychologie

1

Schon im Jahre 1900 bezeichnete William STERN[1] die Psychologie von den Unterschieden der Menschen als *Differentielle Psychologie* und erläuterte sie folgendermaßen: Kein Mensch gleicht dem anderen, jeder hat seine individuelle Eigenart. Dieser so banal klingende Satz birgt eine Fülle psychologischer Probleme in sich. Bei experimenteller Erforschung seelischer Leistungen zeigte sich nämlich deutlich, daß verschiedene Menschen auf gleiche Aufgaben verschieden reagieren. Zunächst hatte man in diesen Varietätenbildungen nur peinliche Einschränkungen der gesuchten allgemeinpsychologischen Gesetzmäßigkeiten gesehen, bald erkannte man aber, daß die Abweichungen selber auf Gemeinsamkeiten engerer Geltung beruhten, mit anderen Worten, daß sich in ihnen typische Sonderformen des Seelenlebens oder bestimmte Grade psychischer Fähigkeiten bekundeten.

Eine bedeutende Rolle in der Differentiellen Psychologie spielt die *qualitative* Untersuchung von Persönlichkeitsunterschieden in typischen Formen: Persönlichkeitsmerkmale werden zur Beschreibung eines sogenannten *Typus* zusammengefaßt.

Typologien sind Ordnungsprinzipien, die den Trägern gemeinsamer Merkmale ähnliche Eigenschaften zuerkennen. Ein Typus ist nach Hubert ROHRACHER (geb. 1903) »der künstlich konstruierte Idealfall eines Menschen, der alle charakteristischen Merkmale seiner Gruppe und nur sie besitzt[2]«. Es gibt Typisierungen nach Art der Wahrnehmung (Form- oder Farbseher), des Temperaments (Gefühls- oder Ver-

[1] L. 123. – [2] L. 103.

standesmensch), der Erziehung (autoritär oder demokratisch), des Geschlechts, des Volkes, der Rasse. Unter den verschiedenen Typologien ist die des Psychiaters Ernst KRETSCHMER (1888–1964) allgemein bekannt. Kretschmer[1] orientiert sich an der Körpergestalt. Er unterscheidet drei Typen: den langaufgeschossenen, mageren, »leptosomen«, den kleinen, rundlichen, dicken »pyknischen« Typ und einen Mischtypus, den »athletischen«, der hochaufgeschossen, aber wohlproportioniert ist. Übersetzt heißt leptosom: schmalleibig, und pyknisch: derb, fest, gedrungen. Kretschmer fand, daß verschiedene Arten von *Geisteskrankheiten* sich diesen *Körperbautypen* zuordnen ließen. Er konnte feststellen, daß der Körperbau der *Manisch-Depressiven* und der *Schizophrenen* auffallende Verschiedenheiten aufweist, daß aber zwischen den Schizophrenen untereinander und den Manisch-Depressiven untereinander große Ähnlichkeiten bestehen. Er beobachtete, daß sich unter den Schizophrenen vor allem Leptosome und unter den Manisch-Depressiven vor allem Pykniker finden. Kretschmer spricht bei leptosomem Körperbau eines seelisch gesunden, normalen Menschen vom *schizothymen* Charakter. Der Schizothyme ist mehr nach innen gewandt und kontaktarm, der *zyklothyme* Charakter, der sich beim normalen Pykniker findet, mehr nach außen gewandt, aufgeschlossen und kontaktfreudig. Dem dazwischen stehenden Charakter des *Athletikers* wird psychische Schwerfälligkeit zugeschrieben. So finden sich also beim normalen Menschen die gleichen *Charaktereigenschaften* oder *Persönlichkeitsmerkmale*[2], nur weniger stark ausgeprägt als beim Geisteskranken. Die Charaktereigenschaften des Nor-

[1] L. 73. – [2] Es wird heute in der Psychologie mehr von Persönlichkeitsmerkmalen als von Charaktereigenschaften gesprochen; beide Begriffe sind aber synonym.

malen unterscheiden sich danach nur graduell, nicht aber qualitativ von jenen des Geisteskranken.

Eine weitere bekannte Typologie stammt von Carl G. JUNG (1875–1961). Sie richtet sich nach der Einstellung zur Umwelt. Nach JUNG gibt es im wesentlichen zwei Hauptformen der menschlichen Persönlichkeit: den *Introvertierten* und den *Extravertierten*. Der Introvertierte ist, »wenn normal, gekennzeichnet durch ein zögerndes, reflexives, zurückgezogenes Wesen, das sich nicht leicht gibt, vor Objekten scheut, sich immer etwas in Defensive befindet und sich gern versteckt hinter mißtrauischer Beobachtung«. Der Extravertierte hingegen wird charakterisiert »durch ein entgegenkommendes, anscheinend offenes und bereitwilliges Wesen, das sich leicht in jede gegebene Situation findet, rasch Beziehungen anknüpft und sich oft unbekümmert und vertrauensvoll in unbekannte Situationen hinauswagt unter Hintansetzung etwaiger möglicher Bedenken«[1]. Der Extravertierte lebt also so, wie es den Forderungen der äußeren Umstände entspricht, der Introvertierte gehorcht dagegen mehr den Regungen seines Selbst.

Darauf, daß Typen im Experiment auch bei Tieren zu beobachten sind, wiesen Untersuchungen Ivan P. PAWLOWS (1897) zum *bedingten Reflex* hin. PAWLOW fand, daß bestimmte Hunde, die Erregungstypen, generell leichter auf die Umwelt reagierten und damit eher zu bedingten Reflexen fähig waren. Andere Hunde, die Hemmungstypen, waren weniger leicht zu konditionieren[2].

Hans J. EYSENCK[3] (geb. 1916) hat deutliche Zusammenhänge zwischen Extraversion und Konditionierbarkeit von Menschen festgestellt. Durch einen von ihm konstruierten Fragebogen stellte er zunächst das Ausmaß von Extraversion und

[1] L. 64. – [2] L. 98. – [3] L. 31.

Introversion bei seinen Versuchspersonen fest. Er ließ einen Luftschlag auf das Auge strömen und gab gleichzeitig als bedingten Reiz einen bestimmten Signalton. Dabei stellte sich heraus, daß Extravertierte in kürzerer Zeit als Introvertierte einen bedingten Lidschlagreflex ausgebildet hatten, das heißt lediglich auf den Ton hin das Auge schlossen.

In der Schrift von Rudolf SPIETH[1] (geb. 1901) findet sich mehr über psychologische Typologien, über ihre Bedeutung und die Gefahren ihrer Anwendung. Sie wendet sich weniger an die Fachwelt als an allgemein psychologisch interessierte Laien. Den Wert der Typenlehren sieht SPIETH darin, daß sie einen Teil des Weges zum Verstehen des Einzelnen darstellen. Er vergleicht die Zuordnung eines Menschen zu einem Typus mit der Erreichung eines Umsteigebahnhofs, der noch nicht die gewünschte Zielstation ist. Die Typen sind also Durchgangsstufen von einem allgemeinen Typ zum individuellen Menschen.

Eine typische Eigenschaft braucht nicht die charakteristische eines Menschen zu sein. Wenn jemand zum Typ des Verschwenders oder des Strebers gehört, muß ich, um ihn in seiner ganzen Persönlichkeit beurteilen zu können, ein differenzierteres Persönlichkeitsbild herausarbeiten. Dazu reichen Typologien nicht aus. »Der Typus ist kein Gattungsbegriff. Beim Gattungsbegriff kann ohne weiteres vom Allgemeinen und Ganzen auf die Einzelheiten geschlossen werden, beim Typus nicht. So gehören beispielsweise einem als ›Fisch‹ identifizierten Tier ohne weiteres Flossen, Kiemen, wechselwarmes Blut und dergleichen notwendig zu, während beim Typus des ›Trägen‹ außer der Tatsache, daß der Betreffende besonders träge ist, nichts über sonstige Eigenschaften mit Bestimmtheit zu sagen ist, ... denn das Beson-

[1] L. 117.

dere kann nicht ohne weiteres aus dem Typ erschlossen werden, sondern muß vielmehr von Fall zu Fall stets nachgeprüft werden[1].«
Die Typenpsychologie kann also die Beschreibung einer Persönlichkeit nicht ersetzen.

2

Immer wieder haben Philosophen, Mediziner und Psychologen versucht, sich ein bestimmtes Bild vom Aufbau des Charakters, der Persönlichkeit, zu machen. Bevor auf einige dieser Persönlichkeitsmodelle eingegangen wird, soll die Frage behandelt werden, welchen Einfluß *Anlage* und *Umwelt (Milieu)* auf die Bildung des Charakters haben. Zu dieser Frage gibt es in der heutigen Wissenschaft keine einheitliche Meinung. Es ist aber für jeden Psychologen und noch mehr für jeden Erzieher wichtig, daß er sich über diese Frage klar wird, denn von ihrer Beantwortung hängt weitgehend ab, wie er die Möglichkeiten einer erzieherischen Beeinflussung sieht und handhabt.
Unter *Anlage* verstehen wir alle Eigenschaften, die durch die Gene von den Eltern auf die Kinder übertragen, vererbt werden. Die Gene sind die Erbeinheiten, auch Erbfaktoren genannt, die in den Chromosomen, den Trägern der Erbeinheiten, lokalisiert sind.
Im allgemeinen Sprachgebrauch wird *Ererbtes* und *Angeborenes* oft fälschlicherweise gleichgesetzt. Das Angeborene kann vererbt sein, muß es aber nicht sein. Manches Angeborene ist während des Embryonalzustandes oder während der Geburt erworben worden. Ein Beispiel dafür sind die

[1] L. 117, S. 15.

Geburtsschäden bei Kindern, deren Mütter während der ersten drei Schwangerschaftsmonate *Thalidomid (Contergan)*, ein Schlaf- und Beruhigungsmittel, genommen hatten. Dabei handelt es sich also nicht um anlagemäßige, das heißt ererbte Geburtsschäden.

Unter *Umwelt* verstehen wir alle Faktoren, die den Organismus beeinflussen und nicht genetisch bedingt sind. Dazu zählen vor allem die physische Umwelt wie Klima, Ernährung und Wohnung sowie die geistige, soziale und psychische Umwelt, wozu beispielsweise die Familieneinflüsse, die Einflüsse der Schule, der Kirche und der Erziehung überhaupt gehören. Besondere Bedeutung haben psychische Faktoren, etwa bewußte und unbewußte Erlebnisse.

Die Meinungen über den Anteil der Anlage oder der Umwelteinflüsse an der Entwicklung der Persönlichkeit unterscheiden sich außerordentlich stark. Stellt man sich eine Gerade vor, auf deren einem Ende die Anlagetheoretiker, die Nativisten, und auf deren anderem Ende die reinen Milieutheoretiker stehen, dann kann man auf dieser Geraden zwischen den beiden Enden alle anderen theoretischen Meinungen eintragen.

Die *Nativisten* betonen vor allem den Einfluß der Vererbung auf Eigenschaften und Fähigkeiten und meinen sogar, einen Einfluß auf Vorstellungen und Ideen beobachten zu können. Für sie gilt der Satz, daß »nahezu alles Glück und Unglück« durch die Wirkung der Anlage zustande kommt. So gingen die radikalen Rassentheorien des Nationalsozialismus einseitig von nativistischen Auffassungen aus.

Die entgegengesetzte Meinung vertreten die *Milieutheoretiker*, die für die Entwicklung der Persönlichkeit vor allem die Umwelt verantwortlich machen. Als ein Vertreter dieser Schule ist der Österreicher Alfred ADLER (1870–1937) anzusehen, der den Einfluß der Anlage auf die Entwicklung der Persönlichkeit fast ganz leugnet. Ein anderer typischer Vertreter dieser Auffassung ist John B. WATSON. Er meinte: »Man gebe mir ein Dutzend gesunde, wohlgebildete Kinder und dazu meine eigene besondere Welt, um sie aufzuziehen. Dann will ich garantieren, irgendeines auf gut Glück herauszugreifen und aus ihm einen Fachmann nach Wahl zu machen: einen Arzt, Rechtsanwalt, Künstler, Kaufmann und sogar einen Bettler und Dieb, ohne Rücksicht auf Talente, Eigenheiten, Strebungen, Fähigkeiten, Beruf und Rasse seiner Vorfahren[1].«

Nur wenige der heutigen Psychologen sind so radikale Anlage- oder Milieutheoretiker. Die größere Zahl von ihnen wird der *Konvergenztheorie* von William STERN zustimmen. Nach dieser 1914 aufgestellten Theorie wirken Milieu und Vererbung bei der Bildung der menschlichen Persönlichkeit zusammen. Was der Mensch bei der Geburt an Fähigkeiten auf die Welt mitbringt, sind fast durchweg nur unspezifische Anlagen, Dispositionen, allgemeine Tendenzen. Diese bedürfen der Ergänzung durch Einwirkungen der Umwelt. Kindliche Anlagen sind nicht eindeutige Prädestinationen dessen, was kommen wird, sondern »Zukunftsanweisungen mit Spielraum«. Innerhalb dieses Spielraums bewirken nun die Einflüsse der Umwelt die tatsächliche Entwicklung der Persönlichkeit. Was ursprünglich nur vage, sehr vieldeutige Anlage war, verfestigt sich allmählich zur Eigenschaft[2].

Die Konvergenztheorie sagt aber noch nichts darüber aus, welcher Anteil bei den einzelnen Persönlichkeitsmerkmalen wie etwa Intelligenz, Kontaktbereitschaft und Leistungsfähigkeit vererbt ist und welcher als erworben gelten kann. Wir wollen im weiteren Stansfield SARGENT[3] (geb. 1906),

[1] L. 132. – [2] L. 124. – [3] L. 106.

einem amerikanischen Sozialpsychologen, folgen, der meint, daß bestimmte Merkmale meist körperlicher Art eindeutig vererbt werden, z. B. Form und Farbe von Haar und Augen. Weniger von der Vererbung abhängig sind die Form der Nase, der Ohren und des Mundes, die Körperlänge und der Typ des Körperbaus. Zu den vorwiegend umweltbedingten Faktoren gehören spezialisierte motorische Fähigkeiten, die nur durch Lernen und Übung erworben werden. Sie sind von *dem* abhängig, was die Umwelt an Möglichkeiten und Anregungen dazu bietet. Auch in der Entwicklung des Sprechens findet sich ein Zusammenspiel von Lern- und Reifungsprozessen. Während die Fähigkeit zur Lautbildung durch physiologische Reifung der Nerven und Muskeln entsteht, wird die Auswahl der sozial bedeutungsvollen Laute und die Kenntnis des Sinnes der Worte mit Hilfe der Umwelt erlernt.

Im Bereich der Persönlichkeitseigenschaften gilt das Temperament zu einem großen Teil als ererbt. Persönlichkeitszüge, Charaktereigenschaften und Haltungen sind dagegen weitgehend von Umwelteinflüssen abhängig.

Dem widerspricht die weit verbreitete Meinung, daß auch Eigenschaften wie Stehlen, Lügen, Betrügen und anderes vererbt würden. Ich möchte ausdrücklich betonen, daß ich diese Meinung nicht teile. Auf Grund meiner Erfahrungen mit *kriminellen Jugendlichen* bin ich der Überzeugung, daß sich die meisten sozial negativen Eigenschaften aus den Einflüssen der Umwelt erklären lassen, die auf das Kind besonders in den ersten Lebensjahren einwirken. Meine spätere langjährige Tätigkeit in der Erziehungsberatung von Kindern und Jugendlichen, in der man viel mehr als bei den jugendlichen *Straffälligen* über die ersten Lebensjahre eines Menschen und deren Bedeutung für die Charakterbildung erfährt, hat mir diese Meinung immer wieder bestätigt.

Deshalb muß nach meiner Auffassung auch die Lehre von Cesare Lombroso[1] (1836–1909) vom *geborenen Verbrecher* (1876), die noch heute weit verbreitet sein dürfte, eindeutig abgelehnt werden.

3

Wir wenden uns nun den *Persönlichkeitsmodellen* zu. Zunächst soll über die *Schichtentheorien* gesprochen werden, die jahrzehntelang in der deutschen medizinischen und psychologischen Literatur vorgeherrscht haben, dann über die tiefenpsychologischen und schließlich über statistische Persönlichkeitsmodelle.

Obwohl der Wert der Schichtentheorien heute oft in Frage gestellt wird, will ich sie ausführlicher beschreiben, weil sie eine gute Hilfe zum Verständnis des Menschen sein können. Das gilt vor allem von der Theorie Herman Nohls[2], die im Grunde eine Erneuerung der Schichtentheorie von Plato darstellt. Nohl hat ihr einige Ergänzungen hinzugefügt.

Plato[3] geht aus von den drei Ständen im idealen Staat: Lehrstand (Philosophen und Herrscher), Wehrstand (Krieger und Beamte) und Nährstand (Bauern und Handwerker). Diesen drei Ständen entsprechend beschreibt er die Schichten im Menschen. Die unterste Schicht ist die Triebschicht, in der Selbsterhaltungstrieb, Hunger, Durst und Sexualtrieb ihren Platz haben. Die zweite Schicht ist die Thymos-, die Ehrschicht. Nohl spricht von der aktiven Lebensenergie, die ein Mensch unabhängig von ihren Inhalten hat und deren selbständiges sittliches Prinzip die »Ehre« ist. Hierher gehören die Erfahrung des aktiven Willens, Selbstbeherrschung, Mut,

[1] L. 82. – [2] L. 93. – [3] L. 99.

Entschlossenheit, Tatkraft, Eifer, Ausdauer. Die dritte Schicht ist die des Geistes, oder, wie NOHL sie nennt, die der höheren geistigen Grundrichtungen, wie das Religiöse, das Ethische und das Ästhetische.

NOHL fügt dem Modell von PLATO noch die zentrale Einheit des Ichs hinzu, den festen Punkt, von dem aus wir ein geordnetes, geregeltes Leben aufbauen, das wir Person nennen.

Die Anwendung der Schichtentheorie soll an einem Aufsatz von NOHL über den Sinn der Strafe gezeigt werden, der erstmalig im Jahre 1925 erschien[1]. Gleichzeitig wird dabei sehr deutlich, wie kompliziert das *Schuld- und Strafproblem* ist.

Jeder Rechtsbruch kann aus verschiedenen Schichten der Täterpersönlichkeit stammen. Ein Mord etwa kann aus triebhaften Gründen geschehen, er kann aber auch aus gekränkter Ehre oder aus geistigen Motiven – so bei politischen Morden – erfolgen. Im Angegriffenen können ebenfalls verschiedene Schichten getroffen werden: die körperliche oder die seiner wirtschaftlichen Existenz; oder die Tat kann gegen seine Ehre gerichtet sein. Er wird darauf aus der Triebschicht mit Rachegefühlen und Vergeltungswünschen antworten; die gekränkte Ehre verlangt Genugtuung, die geistige Schicht Sühne und Wiedergutmachung.

Strafe kann den Täter wiederum dreifach treffen: in der Triebschicht durch den Freiheitsentzug und körperliche Entbehrungen; sie kann ihm Ehrverlust bringen, und sie kann ihn in seiner geistigen Existenz verletzen, etwa durch den Verlust seiner Selbstachtung.

»Die entscheidende Einsicht gegenüber diesen Unterscheidungen ist nun aber, daß der Mensch immer als Ganzes handelt, als Ganzer verletzt wird und als Ganzer durch die *Strafe* getroffen wird[2].«

[1] L. 94. – [2] L. 94, S. 167.

Die gleiche Strafe trifft aber verschiedene Menschen in sehr unterschiedlicher Weise; hierin liegt die oft nicht zu vermeidende Ungerechtigkeit von Strafen überhaupt.

Es sollen hier nur die *Schichtentheorien* von Philipp LERSCH und Erich ROTHACKER (1888–1965) erwähnt werden.
Philipp LERSCH unterscheidet in seinem Buch »Über den Aufbau der Person[1]« zwei Schichten: den »endothymen Grund« und den »rationalen Überbau«. Zum endothymen Grund gehören das Lebensgefühl, das Selbstgefühl, die Affekte und die Strebungen, zum rationalen Überbau der Wille und die intellektuellen Funktionen. Zwischen den Schichten besteht jedoch nach Ansicht LERSCHS keine Spannung wie im Modell FREUDS, sondern eher eine Art ergänzenden Zusammenspiels. Das Zusammenspiel dieser beiden Schichten macht dann den besonderen Charakter eines Menschen aus.
Bei ROTHACKER[2] wird die Entwicklung der Menschen und der Persönlichkeit in engem Zusammenhang mit der Entwicklung des Gehirns gesehen. Erst in höherem Entwicklungsalter beginnen jüngere Gehirnteile, wie die Hirnrinde, die Impulse aus den tiefer liegenden Schichten des Hirnstamms zu kontrollieren. ROTHACKER spricht direkt von einer Tiefen- und einer Kortikalperson (Kortex = Hirnrinde). Die Tiefenperson, die zu den Schichten des Hirnstammes gehört, umfaßt die vitalen Triebe und Gefühle. Dieses sogenannte ES umfaßt »das Leben in mir, das Tier in mir und das Kind in mir«. Die Kortikalperson, das ICH, steuert die Antriebe der Tiefenperson und »reitet auf dem ES«. Es stellt sich dar im bewußten Denken und Handeln.
Auch im *tiefenpsychologischen Persönlichkeitsmodell* von Sigmund FREUD finden wir die Vorstellung von verschiedenen Schich-

[1] L. 79. – [2] L. 105.

ten. Er stellt den vor allem unbewußt wirkenden Triebregungen des »ES« das weitgehend bewußt erlebende »ICH« entgegen. Das »Über-ICH« steht den beiden anderen Schichten als zensurierende Kraft gegenüber[1].

Die Art, in welcher der Mensch die *Phasen* seiner Entwicklung durchläuft, bestimmt seinen späteren Charakter. In den Persönlichkeitsmodellen von Karl Abraham[2] (1925) und Wilhelm Reich (1933) werden die Charaktere direkt als *oral*, *anal* oder *phallisch-genital* bezeichnet. Besonderes Interesse findet dabei der anale Charakter, der sich durch die Art der *Reinlichkeitserziehung* bildet. Je nachdem, wie die anale Stufe durchlaufen wurde, bilden sich Eigenschaften wie Ordnungsliebe, Sparsamkeit, Ausdauer oder – bei Fehlentwicklung – die Eigenschaften Pedanterie, Geiz, Starrsinn. Der anale Typus wird bei Theodor W. Adorno[3] und seinen Mitarbeitern in Zusammenhang mit der *autoritären Persönlichkeit* gebracht, die besonders leicht zu heftigen *Vorurteilen* neige und so auch beispielsweise für faschistische Ideologien anfällig sei.

Ausgehend von der Theorie Freuds hat Erich Fromm (1947) ein Persönlichkeitsmodell aufgestellt, in dem er als Grundformen des Charakters die nichtproduktiven Orientierungen der produktiven Orientierung gegenüberstellt. Zu den nichtproduktiven gehören die rezeptive, die ausbeuterische, die Hamster- und die Marktorientierung.

»Die Entpersönlichung, die Leere, die Sinnlosigkeit des Lebens, die Automatisierung des Individuums bewirken eine ständig wachsende Unzufriedenheit und auch das immer stärker werdende Bedürfnis nach einer dem Menschen angemessenen Lebensweise. Der Mensch sucht nach Regeln und Gesetzen, die es ihm möglich machen sollen, dieses Ziel zu erreichen. Die produktive Orientierung zeigt uns den Charakter,

[1] L. 38–45. – [2] L. 1. – [3] L. 3.

der das Reifen und Entfalten aller seiner Möglichkeiten zum Ziel hat und diesem Ziel alle anderen Tätigkeiten unterordnet[1].«

Erwähnt werden sollen noch die *statistischen Persönlichkeitstheorien*, die heute in steigendem Maße Beachtung finden. Sie kommen aus dem Bereich der empirischen Psychologie. Mit Hilfe der Korrelationsrechnung und der Faktorenanalyse[2] versuchen sie die Vielzahl der Persönlichkeitsmerkmale des Menschen mit wenigen, voneinander unabhängigen Grundfaktoren zu beschreiben.

Hans J. EYSENCK[3] unterscheidet in seiner Persönlichkeitstheorie vier Bereiche. Es sind der kognitive: die Intelligenz, der conative: der Charakter, der affektive: das Temperament und der somatische: die Konstitution. Meßbare Persönlichkeitsmerkmale sind bei ihm etwa Abhängigkeitsgefühl, Energiemangel, Depression, Angst, Apathie. Er gelangt nach umfangreichen statistischen Auswertungen von Test- und Beobachtungsdaten auf Grund dieser Persönlichkeitsmerkmale zu ähnlichen Typen wie Carl G. JUNG: zum *Extravertierten* und *Introvertierten* und nimmt den Neurotiker hinzu.

Mit Hilfe sehr verschiedener Tests und *Fragebogen* lassen sich z. B. beim Typus des neurotischen Introvertierten eine ganze Reihe von Persönlichkeitszügen quantitativ erfassen: Neigung zu Angst, Depression, Reizbarkeit, Apathie und Labilität des vegetativen Nervensystems. Introvertierte geben im Fragebogen an, daß ihre Gefühle leicht verletzt werden, daß sie befangen und nervös sind, daß sie zu Minderwertigkeitsgefühlen und zu Launenhaftigkeit neigen, leicht in Tagträume verfallen, sich bei geselligen Gelegenheiten im Hintergrund halten und gelegentlich an Schlaflosigkeit leiden. In ihrem Körperbau sind sie mehr leptosom als pyknisch, d. h.

[1] L. 47. – [2] s. S. (147). – [3] L. 31.

eher hoch als breit. Sie produzieren meßbar weniger Speichel als Extravertierte. Ihre Intelligenz ist verhältnismäßig hoch, ihr Vokabular ausgezeichnet; sie sind ausdauernd und genau, dabei jedoch langsam. Bei unverhältnismäßig hohem Anspruch gegenüber den eigenen Leistungen unterschätzen sie die eigene Leistungsfähigkeit. Sie haben wenig Sinn für Humor und empfinden besonders sexuelle Witze als anstößig. Es ist erstaunlich, wie vielfältig das Bild ist, das auf *objektivem* Wege mit *Tests* und Fragebogen gewonnen werden kann.

Auch amerikanische Psychologen haben sich mit statistischen Persönlichkeitstheorien beschäftigt, vor allem Joy P. GUILFORD (geb. 1897) und Raymond B. CATTELL[1] (geb. 1905). Eine ausführliche Darstellung des Guilfordschen Modells findet sich in seinem Buch »Persönlichkeit«[2].

Da man im gegenwärtigen Zeitpunkt vom Ziel der Erfassung einer großen Zahl von Persönlichkeitsmerkmalen mit Hilfe von objektiven Tests und Fragebogen noch weit entfernt ist, läßt sich vorläufig noch kein endgültiges Urteil über den wissenschaftlichen und praktischen Wert der statistischen Persönlichkeitstheorien abgeben.

4

Im folgenden wird ein bestimmtes Persönlichkeitsmerkmal, nämlich die *Intelligenz*, etwas ausführlicher behandelt. Gleichzeitig soll gezeigt werden, wie ein Persönlichkeitsmerkmal gemessen werden kann. Es geht um die Erfassung eines qualitativen Merkmals, das quantitativ, d.h. durch Zahlen, beschrieben werden soll.

[1] L. 23. – [2] L. 50.

Die Schwierigkeit beginnt schon bei der Frage, was Intelligenz eigentlich ist. Die Meinungen darüber sind sehr unterschiedlich[1]. Leichter läßt sich sagen, was im allgemeinen unter Intelligenz nicht verstanden wird. Intelligenz ist mehr als bloßes *Wissen*. Ein Mensch kann sehr belesen sein, ohne daß er deshalb eine sehr hohe Intelligenz besitzen muß. Umgekehrt können manche Menschen zweifellos höchst intelligent sein, aber nur ein geringeres Wissen besitzen, etwa weil sie keine höhere Schule besucht haben[2]. Weiterhin gibt es Menschen, die zunächst einen sehr intelligenten Eindruck machen, jedoch nur über einige wenige spezielle Fähigkeiten verfügen. Sie sind im ganzen nur durchschnittlich intelligent, mögen aber ein gutes Gedächtnis haben und können ihr Wissen geschickt anbringen. Noch deutlicher zeigt sich solche Diskrepanz bei Menschen mit außergewöhnlichen Einzelfähigkeiten, die aber dabei eine so niedrige allgemeine Intelligenz haben können, daß sie dauernd in einer Anstalt gehalten werden müssen. So sahen wir in einem Schwachsinnigenheim einen Mann, der fast ein ganzes Kursbuch auswendig wußte, und einen anderen, der zu jedem Datum der letzten Jahrzehnte sofort aus dem Gedächtnis den entsprechenden Wochentag kannte.

Schwachsinn oder Geistesschwäche sind Bezeichnungen für unterdurchschnittliche Intelligenz. Sie haben aber nichts mit einer Psychose, einer Geisteskrankheit, zu tun. In den Anstalten für Geisteskranke befinden sich Menschen mit sehr hoher, mit durchschnittlicher und auch unterdurchschnittlicher Intelligenz.

[1] Die folgenden Ausführungen über die Intelligenz sind im wesentlichen einem Artikel des Verfassers in der Zeitschrift »Kristall« entnommen (L. 17.) – [2] Hier sind die oft genannten Bildungsreserven zu suchen.

Was ist aber nun *Intelligenz*? Eine Definition, die William STERN schon vor fast 50 Jahren gegeben hat und die auch heute noch gültig ist, besagt: »Intelligenz ist die allgemeine Fähigkeit eines Individuums, sein Denken bewußt auf neue Forderungen einzustellen; sie ist allgemeine geistige Anpassungsfähigkeit an neue Aufgaben und Bedingungen des Lebens[1].« So drückt sich Intelligenz etwa beim Lösen von Aufgaben darin aus, daß der Lösungsweg vorgedacht wird und dadurch mit einem Minimum von Versuchen ein Erfolg erreicht werden kann.

Die Intelligenzforschung der letzten Jahrzehnte[2] hat eine Reihe neuer Einsichten erbracht, die unser Wissen von der Intelligenz vergrößert, aber ihr Verständnis und ihre Messung erschwert haben. So bestimmen zum Beispiel in den verschiedenen Altersstufen unterschiedliche Grundfähigkeiten *(Faktoren)* die Intelligenz. Beim Kleinkind wird man vor allem Lebendigkeit und schnelles Lernen, bei älteren Kindern Sprachverständnis und die Fähigkeit zum Befolgen von Anweisungen, beim Jugendlichen Gedächtnis, logisches Denken, sprachliche und rechnerische Fähigkeiten als Kennzeichen intelligenten Verhaltens ansehen.

Wir nehmen heute an, daß Intelligenz sich aus mehreren, voneinander unabhängigen Faktoren zusammensetzt.

Nach dem sechzehnten bis zwanzigsten Lebensjahr steigt die meßbare Intelligenz nicht mehr an. Trotzdem ist der erwachsene Mensch durch Lernen und Erfahrung meist leistungsfähiger. Untersuchungen an alten Menschen haben gezeigt, daß einzelne Fähigkeiten, wie etwa Gedächtnis und Schnelligkeit im Denken, deutlich nachlassen, daß aber wiederum durch Gelerntes und durch lange Erfahrung manche Schwächen ausgeglichen werden können.

[1] L. 122. – [2] Adolf O. JÄGER, L. 61.

Der Psychologe hat eine Reihe von Untersuchungsmethoden, die sogenannten *Intelligenztests*, mit deren Hilfe er den Grad der Intelligenz des einzelnen erfassen und durch eine Zahl – den *Intelligenzquotienten* – ausdrücken kann. Die Kenntnis des Intelligenzquotienten eines Menschen ist eine wichtige Voraussetzung für eine Vielzahl von Entscheidungen, etwa ob ein Kind eine Sonderschule, eine Volks-, Mittel- oder Oberschule besuchen sollte. Ebenso wichtig ist sie für Berufswahl und Berufsberatung. Spezielle Berufe, wie z. B. die akademischen, verlangen eine bestimmte Höhe der Intelligenz. Andererseits gibt es aber auch Berufe, bei denen eine zu hohe Intelligenz hinderlich ist. So konnte gezeigt werden, daß in einem Geschäft hochintelligente Kassierer weniger leistungsfähig waren als nur durchschnittlich intelligente. Man muß aber wissen, daß eine bestimmte Intelligenzhöhe für Bewährung im Beruf nur *eine* notwendige, nicht die allein hinreichende Voraussetzung ist. Ein Mensch ohne Verantwortungsbewußtsein oder ohne mitmenschliches Interesse ist ungeeignet für den Beruf eines Arztes oder eines Lehrers – mag er noch so intelligent sein.

Eltern und Lehrer sagen mitunter von einem Kind, das ein schlechter Schüler ist: »Es könnte, wenn es nur wollte.« Sie mögen damit recht haben, wenn das Kind etwa an außerschulischen Dingen mehr Interesse findet als am Schulstoff. Gerade aber bei der Leistung in der Schule zeigt sich oft deutlich, daß die vorhandene Intelligenz sich nicht entfalten kann, weil seelische Schwierigkeiten vorliegen. Das bewirkt dann oft, daß das Kind nicht wollen *kann*. Hierbei werden Strafen irgendwelcher Art überhaupt nichts helfen. Es muß im Einzelfall herausgefunden werden, ob durch Veränderung der Lebensumstände oder durch geeignete Psychotherapie, also durch seelische Behandlung, Hilfe gegeben werden kann.

Eltern sollten bei der Beurteilung ihrer Kinder die Intelligenz nicht überbewerten. Sie ist nur ein *Teil* der Gesamtpersönlichkeit, zu der viele andere Faktoren gehören; einige davon sind völlig unabhängig von ihr. Ein Mangel an Intelligenz kann nicht behoben werden, weder durch Medikamente noch durch Strafen oder positive erzieherische Maßnahmen. Wohl aber können andere Fähigkeiten, wie Antriebskraft, Interessen, Einstellungen, Werthaltungen und besondere Fertigkeiten, weitgehend durch geeignete Erziehung gefördert werden. Dadurch kann aber auch die vorhandene Intelligenz sich besser auswirken.

IV Sozialpsychologie

1

Nach der Erschießung eines jungen Negers durch einen weißen Polizisten kam es vor einigen Jahren in Harlem, dem Negergetto von New York, zu einer der häufigen Massendemonstrationen der schwarzen Bevölkerung. Autos wurden umgeworfen und verbrannt, Weiße angegriffen, Läden geplündert; mit Steinen, Messern und Stöcken wurde gegen die Polizei vorgegangen. Ein farbiger Pfarrer hatte eine größere Gruppe von Negern aufgefordert, zu den Polizeiwachen im Bezirk zu marschieren und ihre Forderungen nach besseren Lebensbedingungen vorzubringen. Einige Stunden später, als er sah, was er ausgelöst hatte, sagte er verzweifelt: »Wenn ich geahnt hätte, daß das passieren würde, hätte ich kein Wort gesagt.«[1]
Ein Sozialpsychologe hätte diese Folgen wahrscheinlich vorhergesehen und ihn warnen können. Die schlechten Arbeits- und Wohnverhältnisse, die deutliche Benachteiligung der farbigen Bevölkerung in Bildung und Ausbildung und das armselige Leben der meisten Neger in den Gettos der großen amerikanischen Städte mußten fast zwangsläufig zu Ausschreitungen führen, die weit über den beabsichtigten Protest der gemäßigten Führer hinausgingen. Der gestaute *Haß* mußte bei der aufgewühlten Masse schnell einen Zustand herbeiführen, der nicht mehr zu zügeln war.
Immer wieder zeigt es sich, daß eine größere Anzahl von Menschen, die zu einem noch nicht deutlich umschriebenen Zweck zusammenkommen, etwa um zu demonstrieren, sich zunächst einem *Führer* unterordnen, dann aber schnell in

[1] vgl. Claude Brown, L. 21.

einen Zustand hineingeraten, in dem der Einzelne weitgehend aus den Verhaltensweisen des normalen Lebens ausbricht. Wir wissen von den triebhaften Strebungen und Wünschen in allen Menschen. Sie werden so lange beherrscht und zurückgehalten, wie eine festgefügte Ordnung besteht. Sobald jedoch die üblichen Schranken durchstoßen worden sind, kommen sie zum Ausbruch. Dieses Verhalten läßt sich bei *Massenaktionen* immer wieder erkennen, sei es bei der Erstürmung der Bastille zu Beginn der Französischen Revolution oder bei einer Panik in einem Fußballstadion in Südamerika, wo Menschen zu Tode getrampelt wurden, sei es bei Ausschreitungen der sogenannten Halbstarken in Deutschland, bei den englischen Mods und Rockers oder bei Studentenunruhen.[1]

In seiner »Psychologie der Massen«[2] hat Gustave Le Bon (1841–1931) schon 1895 diese Erscheinungen beschrieben und zu analysieren versucht. In einer *Masse* gibt es zumeist kein sinnvolles, eigenständiges und koordiniertes Zusammenwirken der Individuen mehr. Der Einzelne verschwindet in der Anonymität der vielen, er fühlt sich weitgehend seiner Verantwortung enthoben, rationale Einsichten und Überlegungen werden zurückgedrängt; die Antriebe aus den tieferliegenden, emotionsgeladenen Schichten im Menschen steigern sich gegenseitig und suchen nach einem Ventil. So kommt es zu enthemmten Verhaltensweisen der Masse. Le Bon hat das Verhalten von Massen treffend beschrieben. Es wird nicht bestritten, daß sich der Mensch in der Masse anders als sonst verhält, daß er ungehemmter seinen – ihm meist unbewußten – Trieben folgt und leicht von anderen Menschen »angesteckt« wird. Dabei kann es zu stärksten Reaktionen kommen: zu spontaner Begeisterung oder zu

[1] A. 6. – [2] L. 77.

Massenausschreitungen, also zu Äußerungen von Gefühlen, die normalerweise nicht befriedigt werden können. Tiefenpsychologisch könnte man sagen: Das trieborientierte »*ES*« dominiert dann über das realitätsorientierte »*ICH*«.
Die heutige Psychologie und Soziologie wendet sich jedoch gegen LE BONS These einer selbständigen »*Massenseele*«. Er nahm an, daß die Masse einen eigenen Bewußtseinszustand besitze, der das Verhalten der Menschen steuere. Die Masse sei also eine eigenständige, besonderen Regeln und Gesetzen gehorchende Erscheinung.

2

Die neuere Sozialforschung und besonders die Sozialpsychologie beschäftigt sich weniger mit der ungeordneten und beziehungslosen Form des Nebeneinanders, vielmehr vor allem mit der geordneten und aufeinander abgestimmten Form des Mit- und Zueinander in der *Gruppe*[1], die LE BON in seiner Betrachtung ausgeklammert hat.
Die Gruppe unterscheidet sich von der Menge und Masse durch das Vorhandensein eines starken Zusammengehörigkeitsgefühls und durch eine innere *Ordnung* und Gliederung. Innerhalb dieser Ordnung besitzt jedes Mitglied der Gruppe einen bestimmten *Status*, einen genauen Rangplatz. Zwischen den Mitgliedern besteht ein reger Informationsaustausch, dadurch auch eine starke gegenseitige Beeinflussung der Meinungsbildung und außerdem eine Bereitschaft zu gegenseitiger Unterstützung und Hilfe. Diese *Dynamik*, dieses Miteinander und Füreinander der Gruppenmitglieder, versetzt sie in die Lage, Schwierigkeiten oder neue Aufgaben schnell zu bewältigen. Der Grad der Strukturiertheit der Gruppe,

[1] vgl. Peter R. HOFSTÄTTER, L. 55.

d. h. wie genau der Platz des Einzelnen in ihr bestimmt wird, hängt von der Art und Dringlichkeit der Aufgabe ab. Je dringlicher die Aufgabe, desto straffer ist in der Regel die Organisation. Jedes Mitglied füllt eine bestimmte Teilaufgabe in der Gemeinschaft aus.

So übernimmt der Einzelne in der Gruppe eine spezifische *Rolle*, die mit bestimmten Rechten und Pflichten verbunden ist. Jeder Mensch gehört aber nicht nur einer, sondern immer mehreren Gruppen zugleich an, in denen er unter Umständen ganz verschiedene *Rollen* innehat. Ein Mann z. B., der im Berufsleben Arzt und Chef einer Klinik ist, hat zu Hause die Rolle des Vaters und Ehemannes. Er ist vielleicht Schriftführer in einem Club und Vorsteher in der kirchlichen Gemeinde oder dergleichen. Dabei ist jede Rolle mehr oder weniger genau umschrieben und mit spezifischen Erwartungen erfüllt. Häufig kommt es beim Einzelnen auch zu Konflikten zwischen den Rollen, die er in den verschiedenen Gruppen innehat; etwa wenn ein junger Offizier, der lange Zeit gewohnt gewesen ist, zu befehlen und der als Autorität anerkannt worden ist, auf die Universität geht und sich nun in der Rolle des Schülers, des Lernenden wiederfindet.

Die Beeinflussung des Einzelnen durch eine *Gruppe* zeigt ein Experiment, das ein amerikanischer Sozialpsychologe, Mustafer Sherif[1] (geb. 1906), im Jahre 1935 mit einer Gruppe von Studenten angestellt hat. Es macht deutlich, wie sehr eine Gruppe die Meinung des Einzelnen beeinflussen kann. Sherif arbeitete mit einem Wahrnehmungsexperiment, dem sogenannten *autokinetischen Phänomen* oder der autokinetischen Illusion, einer Erscheinung, bei der in einem verdunkelten Raum eine objektiv feststehende Lichtquelle sich für den Beobachter zu bewegen scheint. Die Augen bewegen sich

[1] L. 111.

ständig unwillkürlich. Mit ihnen bewegt sich auch der Lichtpunkt auf der Netzhaut. Durch das Fehlen eines Bezugsrahmens jedoch ist die Fixierung der Lichtquelle nicht möglich.

Die Versuchsanordnung sah folgendermaßen aus: Zuerst mußten die Versuchspersonen *einzeln* und *getrennt* voneinander beurteilen, in welchem Ausmaß ihrer Meinung nach die Lichtquelle ihre Lage im Raum veränderte. Danach setzte man sich zusammen und schätzte nun in Gegenwart der anderen die Entfernungen. Die Einzelnen riefen nur eine Zahl aus, und zwar die Schwankungsgröße, ausgedrückt in Zentimetern. Es zeigte sich, daß dieses Bekanntgeben und gegenseitige Informieren in der Gruppe die Schätzungen der Einzelnen beeinflußt und bewirkt, daß sich Extremwerte auf einen Wert hin bewegen, der im mittleren Bereich der angegebenen Schätzung liegt. Dieses Einpendeln der Schätzwerte auf einen mittleren Wert hatte mit der Größe einer objektiven Schwankung nichts zu tun, da das Licht fest im Raum stand.

Wir haben es in diesem Fall mit einer experimentellen Situation des Bestimmens von Sachverhalten in einer Gruppe zu tun. Im wirklichen Leben handelt es sich bei Gruppenentscheidungen – etwa in einer parlamentarischen Körperschaft – meist um wesentlich kompliziertere und folgenschwerere Fragen, nämlich um Ansichten, Meinungen und Einstellungen, die zu Entscheidungen wirtschaftlicher, politischer, weltanschaulicher Art führen.

3

In der Sozialpsychologie werden heute Methoden verwendet, die auch die Beschreibung von Beziehungen der Einzelnen zueinander in den Gruppen erlauben. Als ein Beispiel sei die von Jacob L. Moreno 1934 entwickelte Methode des *Soziogramms*[1] angeführt. Mit ihr ist es möglich, das innere Gefüge einer Gruppe sichtbar zu machen. Man läßt von allen Angehörigen, etwa einer Schulklasse, bestimmte Wahlen durchführen. Jeder benennt den aus der Klasse, mit dem er bei der Arbeit oder bei einem gemeinschaftlichen Unternehmen zusammensein möchte, z. B. mit wem er bei einer Klassenfahrt am liebsten das Zelt teilen würde. Außerdem muß auch derjenige angegeben werden, mit dem man am wenigsten gern zusammensein möchte. Nach Verrechnung aller abgegebenen Wahlen kann der *Beliebtheitsstatus* jedes einzelnen Gruppenmitgliedes bestimmt werden. Es können so auch gruppeninterne *Cliquen* und auch *Außenseitergruppen* sowie Einzelgänger festgestellt werden. Darüber hinaus kann man überprüfen, inwieweit eine Gruppe integriert oder desintegriert ist, das heißt, ob sie überhaupt eine Einheit darstellt oder ob sie in einzelne Untergruppen zerfällt.
Eine wichtige Untersuchungsmethode der heutigen Sozialforschung ist die systematische Analyse der Gruppe im Laboratorium. An einer zufällig zustande gekommenen Gruppe von etwa drei bis zehn Personen, deren Mitglieder sich anfangs nicht kennen, werden die Probleme untersucht, die wir zum Teil schon behandelt haben: der Leistungsvorteil der Gruppe gegenüber dem Individuum, der Fehlerausgleich innerhalb der Gruppe, Rang, Stellung und Ansehen in der Gruppe, das Verhältnis Führer–Geführte,

[1] L. 89. – Abb. 3, S. 63.

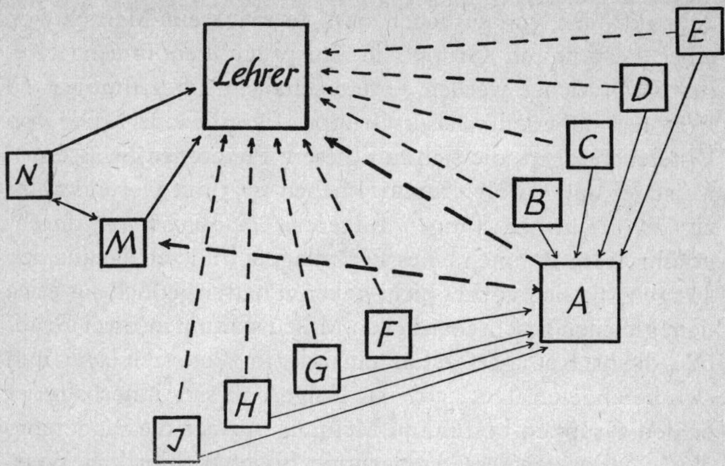

Abb. 3: Modell eines Soziogramms.[1]
Die durchgezogenen Linien bedeuten positive Beziehung, die gestrichelten dagegen negative Beziehung.
Durch den führenden Schüler A, der ein schlechtes Verhältnis zum Lehrer hat, lehnen auch die Schüler B–J den Lehrer ab. Nur die von der Gruppe isolierten, auch von A abgelehnten Schüler M und N sind miteinander und mit dem Lehrer verbunden.

das Verhalten der Gruppe gegenüber Außenseitern und extremen Meinungsträgern. Dabei ist es möglich, Vorgänge der sozialen Interaktion, also der Beziehungen zueinander, der Strukturierung und der gegenseitigen Beeinflussung willkürlich hervorzurufen, zu variieren und unter sich wandelnden Bedingungen zu beobachten.
Der Zusammenschluß mehrerer zu einer Gruppe läßt den *Kontakt* zwischen den einzelnen Mitgliedern enger werden. Der Gedankenaustausch, die gemeinsamen Unternehmungen, die wechselseitigen Besuche der Mitglieder und andere

[1] vgl. Cole, L. 24.

Interaktionen verdeutlichen das. Je mehr ein Mensch von einer bestimmten Gruppe in Anspruch genommen wird, desto schwächer werden andererseits seine Beziehungen zu Personen außerhalb dieser Gruppe. Es gibt eine Reihe von Untersuchungen, die sich mit diesem Phänomen befassen.

Mustafer und Carolyn SHERIF[1] haben 1953 mit vierundzwanzig zwölfjährigen Jungen folgendes *Feldexperiment* durchgeführt: Im Rahmen eines Ferienlagers bildeten sie aus den Jungen, die sich vorher nicht gekannt hatten, jedoch aus etwa dem gleichen gesellschaftlichen Milieu stammten, zwei Gruppen, die nach einiger Zeit miteinander im Wettstreit lagen und sich befehdeten. Das hatte zur Folge, daß sich innerhalb der beiden Gruppen bestimmte Meinungen über die »anderen«, die Angehörigen der Gegengruppe, bildeten. Sportliche Wettkämpfe, wie etwa Tauziehen, arteten in Raufereien und Beschimpfungen aus. Nach einigen regelrechten Schlachten mit Fallobst und nach der feierlichen Verbrennung einer erbeuteten gegnerischen Fahne holten neutrale Beobachter Urteile über die Mitglieder der eigenen und der fremden Gruppe ein. Es sollten aus einer Reihe von Eigenschaften jeweils solche ausgewählt werden, die für die eigenen und die für die gegnerischen Leute als passend erschienen. Es stellte sich heraus, daß durchweg die Angehörigen der gegnerischen Gruppe mit Attributen wie »hinterlistig«, »spielverderberisch«, »unsauber« belegt wurden, wohingegen man den eigenen Leuten Eigenschaften wie »ordentlich«, »mutig« und »ausdauernd« zuschrieb. Später wurden den beiden »feindlichen« Gruppen gemeinsame Aufgaben übertragen, so der notwendig gewordene Bau einer neuen Wasserleitung, an der die Angehörigen der sich befehdenden Gruppen zusammen zu arbeiten hatten, oder auch das Antreten aller Jungen

[1] L. 112.

gegen einen gemeinsamen Gegner. Nach mehreren solchen gemeinsamen Unternehmungen war bei einer nochmaligen Befragung die frühere einseitige Art der Beurteilung nicht mehr festzustellen; die Kontakte zwischen beiden Gruppen waren wieder normalisiert.

4

Vorurteilsbildungen[1], wie wir sie eben aus dem Experiment kennengelernt haben, lassen sich im Alltagsleben überall beobachten. In der Familie etwa zwischen Geschwistern, zwischen Schwiegermutter und Schwiegersohn oder zwischen Bewohnern verschiedener Etagen in Mietshäusern. In einem Jugendflüchtlingslager beobachteten wir Jugendliche, die zusammen aus demselben Ort in Mitteldeutschland gekommen waren, aber nun in verschiedenen Baracken lebten. Während dieser Zeit war der Zusammenhalt der Barackengemeinschaften mit ihren negativen Vorurteilen gegen die Insassen anderer Baracken stärker als die jahrelangen Bindungen vorher.

Solche Vorurteile bestehen aber nicht nur in kleinen Gruppen wie der Familie, der Wohngemeinschaft u.a., sondern auch in sehr großen Gruppen. Als Beispiel sollen genannt werden die Vorurteile zwischen Menschen verschiedener Hautfarbe: Weiße – Gelbe – Schwarze, zwischen Menschen verschiedener Religionen: Protestanten – Katholiken – Juden, zwischen Menschen verschiedener sozialer Klassen: Arbeiter – Unternehmer, zwischen verschiedenen Einwanderungsgruppen: etwa in den USA Italiener – Deutsche – Engländer.

Einen interessanten Beitrag für Vorurteilsbildung gab ein

[1] Helmut von Bracken, L. 20.

amerikanischer Sozialwissenschaftler. Aus seiner genauen Kenntnis der UdSSR und der USA stellte er fest, daß Meinungen und Einstellungen, die die russische Öffentlichkeit über die Amerikaner äußert, weitgehend denjenigen entsprechen, die Amerikaner über Russen haben. Beide Nationen glauben voneinander sicher zu wissen, daß die andere nicht den Frieden wolle, andere Völker unterdrücke, aggressiv und unglaubwürdig sei. Die Entsprechung der öffentlichen Meinung in Amerika und Rußland gehe so weit, daß man geradezu von einem Spiegelbild der Vorurteile zwischen den beiden rivalisierenden Staaten sprechen könne.

Wir wissen auch, daß man Vorurteile systematisch erzeugen kann. Hitler beherrschte diese Kunst der gezielten *Propaganda* hervorragend. Durch genau vorbereitete Meldungen im Rundfunk konnten z.B. vor einem Einfall in ein anderes Land in wenigen Tagen Vorurteile gegen dieses Land und seine Bewohner geschaffen werden. Massenkundgebungen, Drohreden und einseitige Zeitungsartikel konnten die Vorurteile derart verstärken, daß es auch für Gegner des Regimes oft schwer war, sich diesen Einflüssen zu entziehen.

Ein weiteres Mittel der bewußten Vorurteilsbildung ist das Ausstreuen von *Gerüchten* und Verdächtigungen, die oft auch dann weiterwirken, wenn sie sich später als falsch erwiesen haben. Je länger eine solche Propaganda dauert und je öfter bestimmte Behauptungen wiederholt werden, desto wirksamer sind sie. Das läßt sich besonders deutlich an der Behandlung der Juden im Nationalsozialismus zeigen, als die seit Jahrhunderten bestehenden Vorurteile gegen die Juden systematisch verstärkt wurden. Immer wieder wurde ihnen als meistdiskriminierter Minorität die Schuld für viele Mißstände angelastet, die durch Fehler der jeweils Herrschenden verursacht waren. Der Sozialpsychologe spricht geradezu

von der *Sündenbocktheorie*. Im Alten Testament (Moses Buch 3, Kapitel 16) wird beschrieben, wie die alten Juden an einem bestimmten Tage des Jahres sich ihrer Sünden entledigten, indem sie einen Bock den Göttern opferten und einen zweiten, beladen mit ihren Sünden, in die Wüste schickten.
Wir kennen im Alltagsleben den seelischen Mechanismus der *Projektion*, bei dem eigene Fehler und Schuld oft unbewußt auf andere Menschen oder Umstände übertragen werden und dadurch das Gefühl der eigenen Schuldlosigkeit entsteht.
Vorurteile dienen vielen Menschen zudem als Orientierungshilfe. In schwer überschaubaren Situationen, deren Ungewißheit als unangenehm erlebt wird, tragen sie zu einer scheinbaren Klärung des Sachverhaltes bei. Wenn z.B. ein Deutscher die Franzosen für geistreich und charmant, die Amerikaner für kindlich und ungeistig und die Engländer für fair, aber steif und wortkarg hält, so meint er beim Zusammentreffen mit einem Angehörigen dieser Völker zu wissen, was er von ihm erwarten kann, welche Art Mensch er ist und wie er sich ihm gegenüber am besten einstellen soll. Ohne diese feststehenden Vereinfachungen – die *Stereotypen* – würde er sich in solchen Situationen viel unsicherer fühlen.
Es muß aber mit aller Deutlichkeit zum Ausdruck gebracht werden, daß man bei einer solchen groben Verallgemeinerung dem Einzelnen nie gerecht werden kann. Vielmehr gefährdet man das Verhältnis zueinander von Anfang an. Dem scheinbaren Vorteil stehen sehr viel größere Nachteile gegenüber. Viele Vorurteile können zu Streitigkeiten und Zerwürfnissen führen, das Zusammenleben von Einzelnen, von Gruppen und von Nationen verhindern und bis zu Mord, zur Ausrottung ganzer Bevölkerungsgruppen und zum Kriege führen.
Wie sehr wir alle unter dem Einfluß von Vorurteilen stehen,

kann man bei vielen Gesprächen feststellen. Man kann in jeder Zeitung finden, wie Nachrichten und Meinungsäußerungen durch Vorurteile beeinflußt werden. Deshalb wird mit voller Berechtigung die Frage gestellt, wie der sozialen Krankheit der Vorurteile entgegengewirkt werden kann.
Dazu muß zunächst die Frage nach der *Genese*, der Entstehung von Vorurteilen, gestellt werden. Wir wissen, daß es Menschen mit vielen und starken und andere mit weniger und schwächeren Vorurteilen gibt. Vorurteile werden nicht vererbt! Wir dürfen vielmehr annehmen, daß besonders solche Menschen heftige Vorurteile entwickeln, die in ihrer Jugend starke Entbehrungen – *Frustrationen* – erlebt haben, bei denen also bestimmte Triebe und Grundbedürfnisse nicht befriedigt wurden. Das können körperliche Bedürfnisse sein, wie ausreichendes Essen und Trinken, oder seelische Bedürfnisse, wie die nach mütterlicher Fürsorge und nach Anerkennung. Menschen, die selbst durch schwere Frustrationen gegangen sind, entwickeln oft *Minderwertigkeits-*, Angst- und Haßgefühle und sind deshalb Vorurteilen gegenüber anfälliger als Menschen mit ungestörter Entwicklung. Viele unbewußte, tiefliegende, stark emotional gefärbte Vorurteile entwickeln sich aus nichtgelösten seelischen Konflikten, die zu Verdrängungen verschiedenster Art geführt haben. Sie müssen dann als Symptome einer neurotischen Persönlichkeitsstruktur angesehen und behandelt werden.
Nach den Ausführungen über die Genese der Vorurteile soll noch auf ihre *Bekämpfung* hingewiesen werden. Dies kann aber nur in aller Kürze geschehen, weil es sich hier vor allem um sozialpädagogische und nicht um sozialpsychologische Probleme handelt.
Der Sozialpädagoge weiß sich hier in einer sehr prekären Situation. Er stößt überall auf Vorurteile. Er ist sich klar dar-

über, daß diese nur außerordentlich schwer zu bekämpfen sind. Er wird unterscheiden müssen zwischen Vorurteilen, die auf zu geringe Information zurückgeführt werden können, d.h. auf mangelnde Kenntnis der Tatsachen und Zusammenhänge, und solchen, die auf neurotischen Mechanismen aufbauen.

Nehmen wir als Beispiel für Vorurteile, die auf mangelnde Information zurückzuführen sind, die Einstellung gegen italienische *Gastarbeiter*, die in einer Stadt herrscht und die zu dauernden Reibereien und Streitigkeiten führt. Um diese Schwierigkeiten zu bekämpfen, wird man zu den gleichen Mitteln greifen können, wie sie vorher bei der bewußten Herbeiführung von Vorurteilen, nur mit dem umgekehrten Vorzeichen, erwähnt wurden. Man wird freundliche informierende Artikel über die Italiener in Zeitungen und Zeitschriften veröffentlichen oder einen Film vorführen, in dem ein italienischer Gastarbeiter als Held auftritt. Oder man wird gerade die Andersartigkeit als interessant und beachtenswert darstellen, indem man italienische Folklore, Festsitten, Kochkünste usw. zeigt. Das Anderssein, das vorher die negativen Vorurteile verstärkte, wird – unter sonst günstigen Umständen – unschwer zu einer besseren Einstellung den italienischen Gastarbeitern gegenüber führen.

Die Schwierigkeit liegt aber darin, daß es überall *Neurotiker* gibt. Auch bei ihnen mögen durch die oben bezeichneten Maßnahmen die Vorurteile gegen italienische Gastarbeiter verschwinden, aber ein Neurotiker kommt ohne Vorurteile nicht aus, und so werden neue Vorurteile entstehen: Es werden etwa nicht mehr die italienischen, sondern die türkischen Gastarbeiter zu Sündenböcken gemacht.

Bei einer realistischen Betrachtung müssen wir uns darüber klar sein, daß durch direkte Einwirkungen, durch psychotherapeutische Maßnahmen bei Einzelnen oder bei kleinen Gruppen, insgesamt nur bei wenigen Menschen ein erfolgreicher Kampf gegen neurotisch bedingte Vorurteile geführt werden kann. Auch Formen der Massenbekämpfung, wie eben geschildert, können zwar gewisse Erleichterungen bringen, bewirken aber keine durchgreifenden Änderungen.

So bleibt nur noch die Möglichkeit einer Bekämpfung von Vorurteilen auf lange Sicht. Durch geeignete Maßnahmen muß verhindert werden, daß überhaupt Neurosen entstehen oder, bescheidener ausgedrückt, daß sich mehr Menschen zu Neurotikern entwickeln. Wie die medizinische Hygiene verhindert, daß körperliche Krankheiten, vor allem Seuchen, überhaupt entstehen, so versucht die *Psychohygiene* – auch seelische Hygiene genannt –, seelische Krankheiten zu verhindern. Das ist Teil des Programms einer internationalen Vereinigung für Psychohygiene, die 1948 gegründet worden ist und der jetzt 50 Kulturländer angehören. Zu den Hauptzielen der Psychohygiene gehören als *vorbeugende Maßnahmen* die Erhaltung der seelischen und geistigen Gesundheit in der Gesellschaft sowie die Verhütung von Neurosen und Psychosen, Süchten und Verbrechen durch wirksame, psychologisch fundierte pädagogische und sozialpädagogische, soziale und politische Maßnahmen.

So kommen wir zu dem Schluß, daß Vorurteile nicht unbedingt notwendige und unabwendbare Bestandteile des menschlichen Lebens sein müssen, sondern daß auch sie als Teil einer großzügigen politischen, wirtschaftlichen und pädagogischen Neuordnung verringert werden könnten.

V Entwicklungspsychologie

1

In eine Erziehungsberatungsstelle kommt eine verzweifelte Mutter und sucht Rat. Ihr dreijähriges Töchterchen will ihr plötzlich nicht mehr gehorchen. Es ist trotzig, will ständig seinen eigenen Willen durchsetzen. Die Mutter möchte wissen, wie man diesen Schwierigkeiten abhelfen und das Kind wieder folgsam machen könne.

Oder: Ein besorgter Vater sucht Hilfe für seinen sechzehnjährigen Sohn. Er beklagt sich darüber, daß sich der Junge seit einiger Zeit gegen ihn ganz eigenartig verhalte. Statt ihm wie früher alles zu erzählen, sei er kurz angebunden und verkrieche sich in sein Zimmer.

Der Psychologe kann in solchen Fällen die Eltern meist beruhigen und ihnen sagen, daß es sich um völlig normale *Entwicklungsphasen* handelt, die jedes Kind in dieser oder jener Form durchläuft.

Im ersten Fall wird man etwa von der *Trotzperiode* sprechen. Dieser Ausdruck ist nicht ganz glücklich. Es handelt sich in Wirklichkeit darum, daß das Kind im Alter von etwa drei Jahren eine gewisse Selbständigkeit erlangt hat, daß es sich schon seine eigenen Gedanken und Vorstellungen macht, von sich selbst in der ersten Person spricht und seine eigenen Wünsche hat. Es tut nicht mehr unbedingt sofort und ohne Überlegung alles, was die Eltern wünschen. Dieses Verhalten ist aber keineswegs ,außergewöhnlich, sondern gehört zur natürlichen Entwicklung des Kindes.

Bei dem sechzehnjährigen Jugendlichen haben wir es ebenfalls mit einer Entwicklungsstufe zu tun, in der der heranwachsende junge Mensch der Welt gegenüber kritisch und skeptisch wird, in der er die Einstellung und Weltanschauung seiner Eltern überprüft und sich mehr oder weniger von ihnen löst. Diese Phase durchlaufen nahezu alle Jugendlichen während ihrer Entwicklung.

Mit solchen Fragen der Entwicklung beschäftigt sich die *Kinder-* und *Jugendpsychologie*. Sie ist ein Teilbereich der Entwicklungspsychologie, deren Forschungsgegenstand die seelische Entwicklung des Menschen von der Geburt bis zum Tode ist. Es gibt eine Reihe sehr verschiedener Einteilungen der Entwicklung des Menschen. Wir wollen hier von sechs Stufen sprechen: Säuglingsalter, Kleinkindalter, Schulkindalter, Jugendalter, Erwachsenenalter und Greisenalter.

Über Säuglinge und Kleinkinder ist wissenschaftlich besonders viel gearbeitet worden. Das Kind ist völlig offen und kann gut beobachtet werden. Das Kleinkind hat noch keinen »Geheimraum«, in den Außenstehende nicht eingelassen werden. Schon beim Schulkind und mehr noch beim Jugendlichen, aber auch beim Erwachsenen, wird vieles geheimgehalten und vieles außerdem ins *Unbewußte* verdrängt, was beim Kleinkind noch offen zutage liegt[1]. Folgerungen aus den Lehren FREUDS wie auch Erkenntnisse der Verhaltensforschung, besonders die Experimente über »*Prägung*« bei Tieren von Konrad LORENZ[2] (geb. 1903), lassen die außerordentliche Wichtigkeit von frühen Erlebnissen für die gesamte spätere Entwicklung deutlich werden. Beim Menschen sind es vor allem die ersten fünf Lebensjahre, die die Persönlichkeit, den Charakter eines Menschen prägen.

Adolf PORTMANN[3] (geb. 1897) weist darauf hin, daß beim Vergleich von Menschen und Affen die Entwicklung sehr unterschiedlich verläuft. Menschenaffen sind bei ihrer Geburt weitgehend funktionstüchtig, das Menschenbaby dagegen ist

[1] Abb. 4, S. 73. – [2] L. 83. – [3] L. 100.

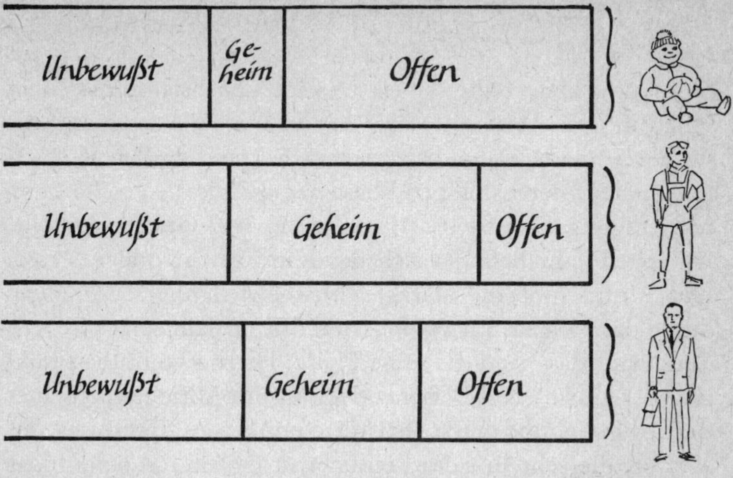

Abb. 4: Offene, geheime und unbewußte Räume beim Kind, Jugendlichen und Erwachsenen. (Nach einer Zeichnung von Francis P. Hardesty.)

physiologisch und anatomisch viel unreifer und darum hilfloser als das Affenkind[1]. Biologisch gesehen erreicht das Menschenbaby die Funktionstüchtigkeit des Affen erst, wenn es zwölf Monate alt ist. Dann erst sind die Nervenbahnen so weit ausgereift, daß alle lebenswichtigen, koordinierten Bewegungen, wie sie etwa zum Gehen und Laufen nötig sind, ausgeführt werden können.

[1] Interessante Einzelheiten werden von den Kelloggs (L. 66) berichtet, die ihren eigenen Jungen zusammen mit einem Gorillamädchen aufzogen.

Sigmund FREUD teilte die ersten fünf Lebensjahre des Menschen in drei Abschnitte ein: in die *orale*, die *anale* und die *phallische* Phase. Dabei orientiert sich Freud an den Körperteilen, die in der jeweiligen Phase dem Kinde die größte Lustbefriedigung vermitteln: Mund, After und Geschlechtsteile. Im ersten Jahr befindet sich das Kind in der oralen Phase. Der Mund gibt die stärkste Lustbefriedigung, vor allem durch das Saugen. Im zweiten und dritten Jahr seines Lebens durchläuft das Kind die anale Phase. Hierbei steht die Funktion der Darm- und Blasenentleerung im Mittelpunkt seiner Befriedigung und auch im Mittelpunkt des Interesses der Mutter, die sehr um die Reinlichkeitserziehung des Kindes bemüht ist. Im vierten und fünften Lebensjahr – in der phallischen Phase – schließlich erlebt das Kind seine geschlechtliche Identifikation, es wächst dadurch, daß das Mädchen seine Mutter und der Junge seinen Vater zum Vorbild nimmt, in die Rolle des Mannes oder der Frau hinein. In diesem Zeitabschnitt werden dem Kinde auch die körperlichen Unterschiede zwischen Mann und Frau bewußt.
Erik ERIKSON (geb. 1914) hat, aufbauend auf der Phasenlehre von FREUD, eine Einteilung vorgenommen, die besonders die sozialen Gesichtspunkte der Entwicklung betont[1]. In der oralen Phase muß nach ERIKSON das *Urvertrauen* entstehen. Es entwickelt sich im ersten Lebensjahr dadurch, daß das Kind sich auf seine Umwelt, hauptsächlich auf die gleichmäßige Liebe der Mutter, verlassen kann.
In diesem Stadium steht die Nahrungsaufnahme im Vordergrund. Der Säugling muß das eigene Nehmen mit dem Geben der Mutter verbinden. Das Aufnehmen erstreckt sich aber

[1] L. 27 und 28.

auch auf die Sinneswahrnehmungen, so mit den Augen und mit dem Tastsinn. Die früheste soziale Verhaltensweise des Kindes ist also das Nehmen im Sinne des passiven Bekommens. Diese Urerfahrung wird zu einem festen Bestandteil seiner Persönlichkeit. Hier wird deutlich, daß zum Aufbau eines gesunden Urvertrauens ein ungestörtes *Mutter-Kind-Verhältnis* nötig ist. Schon hier können die ersten Schwierigkeiten auftreten, die später Ursache neurotischer Fehlentwicklung sein mögen. Wird das *Urvertrauen* nicht entwickelt, so tritt an dessen Stelle das *Urmißtrauen*: Das Kind wird mißtrauisch sich selbst, anderen Menschen und der Welt gegenüber. ERIKSON bezeichnet die zweite, die anale Phase, als Entwicklung zur *Autonomie*. Das Kind erfährt während der *Reinlichkeitserziehung*, daß es Funktionen des Körpers gibt, die es willentlich beherrschen kann; es ist jetzt in der Lage, die Ausscheidungen von Darm und Blase willkürlich zu regulieren. Sozial gesehen bedeutet dies, daß es beides lernt: Zurückhalten und Hergeben. So entwickelt sich beim Kind auf dieser Altersstufe ein Gefühl von Selbständigkeit und Stolz: Autonomie. Es entscheidet sich in dieser Zeit schon weitgehend, ob das Kind freigebig oder geizig wird, ob es lernt sich zu beherrschen oder nicht. Um eine gesunde Entwicklung zur Autonomie beim Kinde zu erreichen, muß die Erziehungshaltung der Eltern fest und konsequent, dabei aber tolerant sein.

Gerade in der oralen und analen Entwicklungsphase sollte eine längere Trennung von Mutter und Kind vermieden werden, da sonst die Gefahr einer Fehlentwicklung besonders groß ist. Sehr wichtig dürfte es auch sein, daß die Sauberkeitserziehung nicht zu früh einsetzt und nicht erzwungen wird. *Über*forderungen durch die Eltern führen leicht zu Entmutigung des Kindes, die sich zu einem bleibenden Charakterzug,

der Mutlosigkeit, entwickeln kann. ERIKSON drückt das so aus: Scheitert das Kind in seinem Autonomiestreben, so treten an die Stelle von Autonomie *Scham* und *Zweifel*.
In der dritten, der phallischen Phase, die das Kind etwa im vierten und fünften Lebensjahr durchläuft, steht nach ERIKSON die Entwicklung der *Initiative* im Vordergrund. Die Bewegungsfreiheit ist nun gewonnen, die Sprache so weit entwickelt, daß die Verständigung keine Schwierigkeiten mehr bereitet. Der Hauptakzent liegt jetzt auf Erobern und Angreifen, also darauf, sich der Außenwelt zu bemächtigen.
Bei den Jungen überwiegen dabei mehr aggressive Verhaltensweisen, bei Mädchen Verhaltensweisen des Bekommens, entweder in Form von Wegnehmen oder von Schmeicheln und Lieb-Kind-Machen.
Es kommt in dieser Zeit zum Bruch der kindlichen Einheit. Das Kind lernt sich selbst zu beobachten und zu kontrollieren. Es entwickelt sich jetzt im Kind das Gewissen, das spontane Wünsche hemmt und überprüft und selbständige Entscheidungen ermöglicht. Im Rahmen der *Identifikation*, der Gleichsetzung des Kindes mit seiner *Geschlechtsrolle*, eifert der Junge dem Vater, das Mädchen der Mutter nach. Das Kind übernimmt von ihnen das ganze System der Gebote und Verbote, unter dem das Leben der Erwachsenen steht, macht sie sich zu eigen und baut damit sein eigenes *Gewissen* auf. Die Gefahr dieser Phase liegt darin, daß die beiden Instanzen, das Ich und das Gewissen, nicht harmonisch zusammenarbeiten. Es kann z. B. die Kontrolle zu stark entwickelt werden, wodurch das Ausagieren, der freie und ungehemmte Ausdruck der Gefühle, gehemmt wird. An Stelle von Initiative entwickelt das Kind dann *Schuldgefühle*, das Gewissen fordert Selbstbestrafung. Dadurch können tiefgehende Entwicklungsstörungen hervorgerufen werden.

Nach der Meinung von FREUD, ERIKSON und vielen anderen Autoren spielen die Anlagefaktoren, also das Erbgut, keineswegs die große Rolle, die ihnen häufig für die Charakterentwicklung zugeschrieben werden. Viel bedeutsamer ist, in welcher Weise die Kinder die ersten Lebensjahre durchlaufen haben, und vor allem, wie ihr Verhältnis zu den Eltern war. Um es noch einmal zusammenzufassen: Es ist für die spätere Entwicklung eines Kindes äußerst wichtig, ob es in den ersten Lebensjahren Urvertrauen oder Urmißtrauen, Autonomie oder Scham und Zweifel, Initiative oder Schuldgefühle entwickelt hat.

In diesem Zusammenhang sei auch noch auf die Untersuchungen von René SPITZ (geb. 1887)[1] hingewiesen, die mit drastischer Deutlichkeit zeigen, wie wichtig für die spätere Entwicklung eine gesunde *Mutter-Kind-Beziehung* in den ersten Monaten und Jahren ist. Der Säugling kann bei seiner Geburt noch keine selbständigen Kontakte zur Außenwelt aufnehmen, er ist noch objektlos und entwickelt erst bei einer gesunden seelischen Entwicklung die ersten *Objektbeziehungen*, die zunächst Beziehungen zur Mutter und dann zu den übrigen Familienmitgliedern und zur Außenwelt sind. Spitz meint, daß eine Trennung des Säuglings von seiner Mutter, zu der gute Beziehungen vorhanden waren, noch ohne nachteilige dauernde Wirkung bleiben kann, falls die kritische Periode von drei bis fünf Monaten nicht überschritten wird. Er betont aber, daß bei einer längeren Trennung von Mutter und Kind Schäden eintreten, die unter Umständen überhaupt nicht mehr geheilt werden können.

So zeigte sich bei der Beobachtung von Kindern, die in einem Frauengefängnis bei ihren Müttern bleiben durften, eine bessere Entwicklung als bei Kindern, die bald nach der Geburt

[1] L. 118.

von ihren nicht straffälligen Müttern getrennt wurden. Die Forschungsergebnisse von Spitz zeigen weiterhin, daß man schon im ersten Lebensjahr bei Kindern, bei denen die gefühlsmäßigen Beziehungen zur Mutter gestört waren, schwere seelische und körperliche Erkrankungen feststellen konnte. Wachsen Kinder in einem Heim oder in einer Krankenanstalt auf, so zeigen sie nicht selten das typische Bild des sogenannten *Hospitalismus*, der sich unter anderem in Weinkrämpfen, Schreien, Erbrechen, Essensverweigerung, Abmagerung äußert. Die Kinder verfallen zusehends. Dieser Zustand kann bis zur völligen Apathie und schließlich zum Tode führen. Derartige schwere Entwicklungsstörungen in den ersten Lebensjahren verheilen selten, ohne tiefe Spuren zu hinterlassen. Hieraus können sich später weitere seelische Erkrankungen entwickeln.

In den ersten Lebensjahren darf auch der *Vater* nicht völlig fehlen, besonders muß er für den Jungen zwischen drei und sechs Jahren da sein. Deutlich sehen wir heute seelische Schäden bei Menschen, deren Väter während dieser Zeit im Felde oder in der Kriegsgefangenschaft waren oder die gefallen sind. Die Jungen identifizieren sich dann oft nicht mit einem Manne, sondern mit der Mutter, die teilweise die Rolle des Vaters mit übernehmen muß. Eine derartige Fehlidentifizierung kann auch zu Schwierigkeiten in der Beziehung zum anderen Geschlecht führen und damit unter Umständen eine Entwicklung zur *Homosexualität* begünstigen.

Wenn Sozialpädagogen immer wieder fordern, daß Mütter in den ersten Lebensjahren ihres Kindes nicht berufstätig sein sollen, werden sie als lebensferne Idealisten hingestellt. Aber wir sehen immer wieder, wie sehr gerade in den ersten Jahren die Kinder ihre Mütter brauchen. Berufsarbeit sollte in diesen Jahren von den Müttern nicht übernommen werden. Der Staat sollte vielmehr Hilfe bieten, damit die Mütter bei ihren Kindern bleiben können, um die wahrscheinlich immer mehr ansteigenden Fehlentwicklungen der Kinder zu verhüten.

Jeder, der etwa an einer *Erziehungsberatungsstelle* tätig ist, wird immer wieder feststellen, daß viele Erziehungsschwierigkeiten und Fehlentwicklungen bei Kindern und Jugendlichen Folgen seelischer Traumata, d. h. seelischer Verletzungen sind, die in den ersten Lebensjahren entstanden.

So sahen wir zum Beispiel vor einiger Zeit einen zehnjährigen Jungen, der durch den übermäßigen Ehrgeiz seiner Mutter in der Entwicklung zurückgeblieben war. Er vermochte seine vorhandene gute Intelligenz so wenig auszunutzen, daß er in der Volksschule dem Unterricht nur mühsam folgen konnte. Trotzdem hofften seine Eltern, er könne in die Höhere Schule aufgenommen werden. Wir konnten ihnen kaum Hoffnung machen. Oder: Ein Siebzehnjähriger, den seine Mutter immer noch wie ein kleines Kind behandelt, ist so sehr an sie gebunden, daß wenig Aussicht besteht, er könne jemals voll erwachsen und selbständig werden.

Gerade weil die Mitarbeiter der Erziehungsberatungsstellen mit Kindern und Jugendlichen zu tun haben, sehen sie die Ursachen für Fehlentwicklungen deutlicher, als sie sich etwa bei erwachsenen Straftätern erkennen lassen.

3

Über *Jugendliche* gibt es viel weniger Untersuchungen als über Kinder. 1957 erregte das Buch von Helmut SCHELSKY (geb. 1912) »Die skeptische Generation[1]«, über die Jugendlichen

[1] L. 107.

zwischen den Jahren 1945 und 1955, großes Aufsehen. Seitdem ist keine so umfassende Darstellung der Jugend in der Bundesrepublik mehr erschienen. Wir können im gegenwärtigen Zeitpunkt nur Vermutungen darüber anstellen, wie die Jugend wirklich ist, denn es wäre sicher ganz falsch, von einer verhältnismäßig kleinen Gruppe, die der einzelne – etwa der Lehrer oder Jugendführer – kennt, auf die Gesamtheit der Jugend zu schließen. Als Hochschullehrer habe ich den Eindruck, daß die verschiedenen Studentengenerationen immer wieder anders aussehen und andere Einstellungen haben. Das Bild scheint sich dauernd zu ändern. Meiner Ansicht nach läßt sich dies vielleicht auch darauf zurückführen, daß die einzelnen Altersgruppen ihre ersten fünf Lebensjahre unter völlig verschiedenen Umständen verbracht haben. So, wenn die ersten Lebensjahre in die Zeit des Nationalsozialismus im Krieg oder Frieden oder in die Zeit des Zusammenbruchs fallen.

Läßt sich eine allgemeine Antwort auf die Frage, wie denn die heutige Jugend sei, schon deswegen nicht geben, weil keine umfassenden Untersuchungen darüber vorliegen, so erscheint es überhaupt problematisch, *allgemein* von *den* Jugendlichen zu sprechen. Dazu sind sie in einem Lande wie der Bundesrepublik zu sehr verschieden nach Stadt und Land, nach sozialen Schichten, kirchlicher und parteilicher Zugehörigkeit. Trotzdem soll mit aller Vorsicht eine Verallgemeinerung gewagt werden: Beim Vergleich der Jugendlichen in verschiedenen Ländern scheint heute ein deutscher Jugendlicher mehr mit einem jungen Amerikaner, Schweden oder Engländer gemeinsam zu haben als mit einem deutschen Jugendlichen vor zehn, zwanzig oder gar fünfzig Jahren.

Diese Unterschiede beziehen sich nicht nur auf Moden, wie Haar- und Barttracht, sondern auch auf Höflichkeitsformen, auf die Beziehungen zwischen den Geschlechtern und auch auf die Ideale, die man vertritt[1].

Die *Akzeleration* spielt heute bei den Jugendlichen aller Länder eine besondere Rolle. Damit ist gemeint, daß die heutige Generation eine schnellere körperliche Reifung zeigt als die früheren Generationen. Untersuchungen haben gezeigt, daß mit der schnelleren körperlichen Reifung keineswegs immer auch eine schnellere seelisch-soziale Reifung einhergeht. Dadurch, daß bei einem erheblichen Teil der Jugendlichen die körperliche und die seelisch-soziale Entwicklung nicht gleichmäßig verlaufen, entstehen Schwierigkeiten bei der sozialen Einordnung. Eine andere Auswirkung ist der verfrühte Sexualverkehr junger Menschen, die ihrer ganzen Entwicklung nach noch nicht in der Lage sind, die Verantwortung für den Partner, für das Kind und für sich selbst zu tragen. Wir vermuten, daß die bekannten Ausschreitungen Jugendlicher, etwa der »Halbstarken« in Westdeutschland und der »Mods« und »Rockers« in England, weitgehend auch auf die Akzeleration zurückzuführen sind. Im Jahre 1957 erschien eine Untersuchung über die *Halbstarkenkrawalle*[2]. Es ergab sich, daß diese Halbstarken im Grunde normale Jugendliche waren. Sie waren weder politisch verhetzt, noch stammten sie aus bestimmten sozialen Schichten oder neigten besonders zur Kriminalität. Als Ursache für die Krawalle wurde in dieser Untersuchung neben der Akzeleration auch die Tatsache angegeben, daß die heutige Jugend immer weniger Raum und Möglichkeiten für ein freies Ausleben ihrer überschüssigen Energie und ihrer Aggressionen hat. In diesem Zusammenhang sei die Prognose gewagt, daß in Zukunft mit sehr verschiedenen Formen von Ausbrüchen Jugendlicher gerechnet werden muß, wenn

[1] A. 6. – [2] vgl. Curt Bondy u.a., L. 19.

sie nicht die für sie notwendigen Erlebnismöglichkeiten innerhalb der sozialen Ordnung finden. Auch das wahrscheinliche Ansteigen des Genusses von Rauschgiften (z.B. LSD und Marihuana) könnte als eine dieser Formen verstanden werden.

4

Schon zur Zeit der Veröffentlichung der ersten Auflage dieses Buches (1967) haben junge Leute von sich reden gemacht und erst Professoren, dann Lehrer, Eltern, Politiker, schließlich die Polizei and andere »Autoritäten« beunruhigt. Sie haben durch die Massenkommunikationsmittel und eine neue kulturkritische Bewegung (Romane[1], Theater) weltweite Beachtung gefunden und zur Nachahmung angeregt. So gleichen sich die Erscheinungsformen ihrer Aktionen weitgehend, wenn auch die zugrunde liegenden und auslösenden Faktoren jeweils sehr unterschiedlich sein mögen.
Tonangebend in dieser Gruppe sind sicher Studenten, doch spielen auch Oberschüler und Lehrlinge keine unwichtige Rolle. Eine strenge Altersabgrenzung ist nicht möglich; im allgemeinen handelt es sich um 18- bis 25-, z.T. auch bis 30jährige.
Diese *jungen Erwachsenen*, die sich zur Verdeutlichung ihrer Position in Auftreten, Verhalten und äußerem Habitus gegen die üblichen Normen absetzen, wenden sich zum Teil mit Recht gegen überlebte Traditionen, gegen etablierte und unkritische Institutionen und Systeme. Sie greifen die alten Strukturen der Universitäten und die angeblichen Vorrechte

[1] Hubert FICHTE, L. 34; Hubert SELBY, L. 109; Hunter S. THOMPSON, L. 127.

bestimmter Gesellschaftsschichten an. Sie kämpfen gegen religiöse, soziale und rassische Vorurteile und verlangen größere Freiheiten. Manche ihrer Forderungen scheinen den Älteren unklar und unausgereift, und manchmal sind sie das auch. Die Reaktion der Erwachsenen auf den jugendlichen Protest ist unterschiedlich: Während sich die Arbeiter in Frankreich mit den Studenten zeitweise solidarisierten (Mai 1968), ist in den USA ihre »schweigende Mehrheit« gegen sie.

Von den bereits vorliegenden Arbeiten, die jene Protestbewegung zum Gegenstand einer wissenschaftlichen Untersuchung machen, tragen viele noch sehr deutlich Züge des politischen oder ideologischen Engagements ihrer Autoren. Außerdem fehlt es an empirischen Forschungen. Trotzdem seien vier Schriften genannt, die unseren Lesern gute Informationen geben können:

Karl Bednarik: Die Unheimliche Jugend[1]. Bednarik, der bereits nach dem Zweiten Weltkrieg durch ein Buch über die Arbeiterjugend bekannt geworden ist[2], zeigt sich hier wieder als ein sehr sachkundiger und belesener, eigenwilliger Deuter der gegenwärtigen Erscheinungen und ihrer möglichen Folgen für die weitere Entwicklung dieser Altersgruppe.

Stephen Spender: Das Jahr der jungen Rebellen[3]. Spender, ein englischer Schriftsteller (geb. 1909), berichtet über die studentischen Rebellionen in New York, Paris, Prag und Berlin, über die er sich jeweils an Ort und Stelle informiert hat.

Dieter Baake: Beat – die sprachlose Opposition[4]. Baake (geb. 1935), der altersmäßig dieser Gruppe am nächsten steht, befaßt sich mit großem Verständnis und Einfühlungsvermögen mit ihren jüngsten Angehörigen, also den Schü-

[1] L. 10. – [2] L. 9. – [3] L. 115. – [4] L. 8.

lern, Lehrlingen und jungen Arbeitern, ihren Auffälligkeiten und Formen der Auseinandersetzung mit der Erwachsenenwelt.

Hans Adolf JACOBSEN und Hans DOLLINGER: Die deutschen Studenten – Der Kampf um die Hochschulreform[1]. Sie legen ein übersichtlich angelegtes Handbuch und Nachschlagewerk vor, das im einzelnen über den Verlauf der Diskussionen um die Hochschulreform und auch über die Unruheerscheinungen[2] umfassend informiert.

Es ist schwer, im gegenwärtigen Zeitpunkt psychologische Analysen und Prognosen zu geben. Auch wenn die Aktionen heute (1970) bereits einen Höhepunkt überschritten haben dürften, wissen wir nicht, wohin die weitere Entwicklung geht. Dennoch soll hier auf einige *psychologische Fragen* eingegangen werden, die sich im Zusammenhang mit den Revolten der jungen Erwachsenen stellen, weil sie vermutlich die tieferen Ursachen ihrer Protesthaltung betreffen. Sie haben in den einzelnen Ländern und in den verschiedenen Alters- und Entwicklungsstufen jeweils einen unterschiedlichen Stellenwert.

Es besteht kein Zweifel darüber, daß das *Generationsproblem* sich hier wieder neu ausdrückt. Die junge Generation versucht sich frei zu machen von Tradition und sich abzusetzen gegen die Eltern. Niemals zuvor aber – so scheint es vor allem den Älteren – hat diese Auseinandersetzung zwischen den Generationen in derart aggressiver Form stattgefunden. Hier spielen sicher die Massenkommunikationsmittel eine Rolle, die nie zuvor in der Geschichte für eine so breite Popularisierung gesorgt haben.

Darüberhinaus hat es aber den Anschein, als wären heute die

[1] L. 60. – [2] Günther PATZIG (L. 96) hat darüber ein sehr lesenswertes Referat gehalten.

Erwachsenen ihrer Generationsrolle als Vater und Mutter weithin nicht mehr gewachsen. Viele Eltern wissen nicht, nach welchen Richtlinien sie ihre Kinder erziehen sollen. Sie haben selbst keine eigene Lebenssicherheit und sind deshalb nicht in der Lage, ihren Kindern Halt zu geben und Leitbilder für sie zu sein.

Der Gegensatz der Generationen dürfte heute auch dadurch so stark sein, daß nicht nur die wissenschaftliche, technische und soziale Entwicklung überaus schnell fortschreitet, sondern auch die Ansichten über Gut und Böse, Recht und Unrecht, Schön und Häßlich sich ständig wandeln. Dabei gehen wir von der heute weitgehend anerkannten These aus, daß sich das Gewissen in den frühen Kindheitsjahren bildet und hartnäckig bestehen bleibt[1]. Wenn nun die Unterschiede zwischen den in der Kindheit festgelegten Normen und den in der Gegenwart praktizierten sehr groß werden, so entsteht bei den Jüngeren eine Aggressionshaltung gegen die ältere Generation, die ihnen diese Normen vermittelt hat. Spender[2] schreibt hierzu: »Die Analyse der Politik der Alten seitens der Jungen hat zu dem Ergebnis geführt, daß die Alten die Ideale verraten haben, die sie einst der Jugend selbst beigebracht haben, was nichts anderes bedeutet, als daß sich in den revolutionären Forderungen der Jungen sogar eine Art Konservativismus äußert, weil sie all das gern behalten hätten, was man ihnen einstmals als gut und richtig empfohlen hatte.«

Eine entwicklungspsychologische Erklärung bietet der von Erikson beschriebene Vorgang der *Identitätskrise*. Es handelt sich darum, daß es in unserer pluralistischen Gesellschaft dem jungen Menschen oft erst mit 25 Jahren gelingt, einen Ausgleich zwischen seinen vagen Zukunftswünschen und

[1] vgl. S. 92. – [2] L. 116, S. 176.

deren realen Möglichkeiten herzustellen und sein Selbstbild mit dem Bild in Übereinstimmung zu bringen, das andere von ihm haben. Mitunter werden jetzt erst die frühkindlichen und pubertären Identifikationen von einer bewußt wertenden Stellungnahme gegenüber anderen Menschen oder Ideen abgelöst und durch eine eigenständige Weltanschauung aufgebaut.

Diese Krisenzeit kann neurotische und sogar psychotische Erscheinungsformen annehmen. Es handelt sich dabei jedoch nicht um einen Krankheitszustand, sondern um ein normales Durchgangsstadium, ja in manchen Fällen sogar um die subjektiv notwendige Voraussetzung zu einem sinnvollen und erfüllten Leben als Erwachsener[1].

Eine Identitätskrise muß aber nicht mit 21 oder 25 Jahren überwunden sein. Es kann auch länger dauern, bis der junge Mensch die Ausrichtung auf seinen Beruf, seine Stellung zu Eltern, Religion, Politik, zu Eros und Sexus gefunden hat. Wenn auch nach den psychologischen Längsschnittuntersuchungen von Bloom[2] der Entwicklungsendpunkt der meisten menschlichen Merkmale etwa im Alter von 21 zu liegen scheint, so kann man doch annehmen, daß auch Erwachsene sich weiter entwickeln und verändern können. In welchen Dimensionen das geschieht, ist wissenschaftlich noch unklar. Hier fehlen einschlägige Untersuchungen.

Vielleicht kann man an dieser Stelle aus einem historischen Vergleich der allgemeinen Beurteilung der neuen Jugend mit den sogenannten »Halbstarken« lernen, die um die Mitte der 50er Jahre die Öffentlichkeit beunruhigten. Auch damals hat man sehr schnell von einer radikalen Minderheit auf die gesamte Jugend geschlossen. Die Zahl der »Aktivisten« ist heute wie damals nicht groß, auch wenn sie zeitweise großen

[1] Erik H. Erikson, L. 28. – [2] Benjamin S. Bloom, L. 14.

Einfluß auf die Mehrheit ihrer Altersgenossen hat. Über deren Meinungen und Verhaltensweisen aber wissen wir wenig.
Kann man sich wundern, wenn viele Eltern und Lehrer angesichts des jugendlichen Aufruhrs die Sicherheit im eigenen Verhalten und die ihres Erziehungsstils verloren haben? Sie werden die Frage stellen, wie sie sich nach Meinung des Psychologen verhalten sollen. Eine allgemeine Regel kann man nicht geben. Oft muß die Untersuchung des einzelnen Falls zeigen, was jeweils angemessen ist. Es ist heute eine wesentlich verantwortungsvollere Aufgabe, Vater, Mutter, Lehrer oder Erzieher zu sein, als etwa vor 10 Jahren. Man muß bezweifeln, daß die meisten Eltern und Lehrer gut genug auf diese Aufgabe vorbereitet sind.
Jedes Gesellschaftssystem erzeugt notwendigerweise Frustrationen (Versagungen), die man tolerieren lernen muß. Wenn also Eltern und Lehrer mit Recht von den Kindern fordern, daß sie ihre Triebe beherrschen lernen, so sollten sie aber wissen, daß die verschiedenen Bedürfnisse der Kinder nicht einfach unterdrückt werden dürfen. Nur sehr behutsames Einüben von Frustrationstoleranz kann Neurosen vermeiden und zur geglückten Sozialisierung eines Menschen führen. Wir haben Eltern immer gesagt, daß sie ihre heranwachsenden Kinder nicht an einer kurzen Leine, sondern an einem langen Band halten sollen, das eine Entfernung des jungen Menschen vom Erwachsenen zuläßt und ihm ermöglicht, seine eigene Identität zu finden. Bis dahin sollten die Eltern die Freunde ihrer Kinder geworden sein, denn diese brauchen ältere Ratgeber, an die sie sich in ihren Schwierigkeiten wenden können, stärker denn je.

5

Noch weniger Untersuchungen als zur Jugendpsychologie sind über die Entwicklung des *Erwachsenen* angestellt worden. Dagegen spielen die alten Menschen in der Forschung eine immer größere Rolle[1]. Das ist auf den Fortschritt der Medizin zurückzuführen, die dem alternden Menschen eine immer größere Lebenserwartung gibt. In der modernen Industriegesellschaft wird dadurch die Belastung derer, die im Arbeitsprozeß stehen, immer höher.
Die *Gerontologie*, die Lehre vom Altern des Menschen und von dessen körperlichen, seelischen und sozialen Auswirkungen, wird von mehreren Wissenschaften betrieben. Früher hat sich hauptsächlich die Medizin damit befaßt, aber in letzter Zeit sind manche ihrer Probleme auch von der Psychologie bearbeitet worden. So etwa die Frage, wieweit ein Fünfundsechzigjähriger noch im Arbeitsprozeß stehen kann. Dabei hat sich gezeigt, daß die Kenntnisse und die Erfahrungen der älteren Menschen die Nachteile des Altersabbaus in mancher Beziehung ausgleichen können. Es scheint daher möglich, daß bei bestimmten Arbeiten im Produktionsprozeß in Zukunft mehr ältere Menschen eingesetzt werden können als bisher.

[1] Hans Thomae und Ursula Lehr, L. 127 und Klaus Riegel, L. 102 A.

VI Tiefenpsychologie

1

Wenn hier von Tiefenpsychologie gesprochen wird, so sind damit alle psychologischen Theorien gemeint, die sich mit dem *Unbewußten* beschäftigen. Sigmund FREUD[1] war der erste, der schon um die Jahrhundertwende die grundlegende Bedeutung des Unbewußten für das menschliche Leben erkannte. Er hat gezeigt, daß unsere Verhaltensweisen weitgehend durch unbewußte Motive beeinflußt werden.
Freud nannte seine Lehre *Psychoanalyse*. Dieser Begriff umfaßt dreierlei: Einmal versteht man darunter die umfassende psychologische Theorie FREUDS, zum anderen ein Hilfsmittel der Diagnostik, d. h. ein psychologisches Untersuchungsverfahren, und zum dritten – und das wird damit vor allem gemeint – eine Therapie, also eine Behandlungsmethode für bestimmte seelische Erkrankungen.
Am Beispiel eines *Versprechens* soll gezeigt werden, auf welche Weise sich die von der Tiefenpsychologie behandelten Vorgänge abspielen: Der Vorsitzende eines Vereins erfuhr kurz vor Beginn der Mitgliederversammlung, daß der Kassierer erhebliche Summen unterschlagen hatte. Er eröffnete die Versammlung mit den Worten: »Meine Damen und Herren, ich muß Ihnen leider mitteilen, daß sehr üble Dinge zum Vorschwein gekommen sind.« Man sah den Redner nur erstaunt an. Als er später darauf aufmerksam gemacht wurde, daß er »Vorschwein« gesagt hatte, konnte er sich dessen nicht entsinnen. Wir können an einem solchen *Ver*sprechen gut darstellen, welcher unbewußte Mechanismus dabei wirksam ist. Im Bewußtsein des Vorsitzenden war ein *Konflikt* entstanden:

[1] L. 38–45.

Dem Wunsch, seinem Ärger Ausdruck zu geben und zu sagen, daß hier eine wirkliche Schweinerei vorgekommen sei, steht die gesellschaftliche Forderung gegenüber, ein Wort wie Schweinerei nicht zu gebrauchen. Als Folge dieses Konfliktes ist nun das Wort Schweinerei »verdrängt« worden. *Verdrängt* heißt ins Unbewußte abgeschoben. Der Redner konnte sich nicht mehr daran erinnern. Nach FREUD wirkt ein verdrängter Bewußtseinsinhalt im Unbewußten dynamisch weiter: Er ist »kraftbesetzt« und drängt nach Befriedigung. So erklärt sich, daß der Vorsitzende in einer verkleideten, kompromißhaften, ihm nicht erkennbaren Form sich »*ver*spricht«. Damit ist der verdrängte Wunsch als *Symptom*, als Anzeichen einer Verdrängung, wieder aufgetaucht und in gewisser Weise befriedigt worden.

Das ist eine typische sogenannte *Fehlleistung*. Neben dem Versprechen gibt es noch andere Fehlleistungen. Wir zerbrechen etwas, weil wir Ärger oder Haß gegen den Besitzer dieses Gegenstandes empfinden und ihm damit unbewußt einen Schaden zufügen wollen. Oder wir lassen etwas liegen, weil wir den Gegenstand, den wir »vergessen«, loswerden wollen. Ich entsinne mich gut an den Verlust eines kürzlich erstandenen Hutes, den ich in einem Rasthaus an der Autobahn hängen ließ. Als ich es später merkte, konnte ich mich nicht mehr entsinnen, wo ich Aufenthalt gemacht hatte. Ich weiß aber, daß ich nur ungern einen Hut trage! Es handelt sich also um einen Konflikt zwischen zwei Motiven: der gesellschaftlichen Forderung, einen Hut zu tragen, und dem Wunsch, ihn loszuwerden. Zunächst siegt die gesellschaftliche Forderung. Der Wunsch, den Hut loszuwerden, wird ins Unbewußte verdrängt. Dort wirkt er weiter und drängt nach Befriedigung, die unbewußt in der Form einer Fehlleistung geschieht: Der Hut wird »vergessen«.

Man spricht dann oft von Zufall. FREUD und die meisten Psychologen behaupten aber, daß nichts zufällig geschieht, daß also auch im Psychischen ebenso wie im Physischen das *Kausalitätsprinzip* herrscht.

Nun gibt es neben den *Fehlleistungen* noch eine ganze Anzahl andere Symptome, Anzeichen unbewältigter Konflikte, die letztlich nach dem gleichen, eben geschilderten Prinzip entstehen. Eines der wesentlichsten Symptome ist der *Traum*[1]. Er ist nicht, wie die Psychologie früher oft meinte, etwas Sinnloses, das wissenschaftlicher Untersuchung nicht wert ist, sondern hat eine große Bedeutung.

FREUD meinte, der Traum sei der »Königsweg zum Unbewußten«: Im Traum werden verdrängte Wünsche befriedigt. Er nahm an, daß im Traum die Tabugrenze leichter zu überschreiten sei und darum ein verdrängter Wunsch während des Schlafes in verkleideter Form ins Bewußtsein kommen und dadurch zunächst befriedigt werden könne. Daß es sich dabei oft um eine nur vorübergehende Befriedigung handelt, zeigt sich an Träumen, die immer wieder in der gleichen Form auftreten.

Das Geschehen während des Schlafens wird von FREUD als *Traumarbeit* bezeichnet. Als Formen der Traumarbeit können zum Beispiel Verdichtung oder zeitliche Verschiebung des Trauminhaltes auftreten. FREUD hat Kinderträume interpretiert, in denen die direkte Wunschbefriedigung noch viel deutlicher als beim Erwachsenen erfolgt. So träumte zum Beispiel ein Mädchen, das zu seinem Geburtstag von den ihm geschenkten Pralinen jedem Besucher anbieten mußte, in der nächsten Nacht, daß es einen Riesenkasten Pralinen bekam, den es ganz allein aufessen durfte.

Der Traum ist auch als Hüter des Schlafes bezeichnet wor-

[1] vgl. Sigmund FREUD, L. 45, und Werner KEMPER, L. 67.

den, etwa wenn das Rasseln des Weckers nicht zum Aufwachen führt, sondern im Traum in das Läuten von Kirchenglocken umgewandelt wird.

Freud spricht auch vom Wirken eines »*Zensors*«, der während des Schlafes weniger streng ist als während des Wachens. Diesen Zensor hat er durch sein Modell der menschlichen *Persönlichkeit* zu erklären versucht. Danach gibt es in der Persönlichkeit verschiedene Instanzen: das *Es*, das *Ich* und das *Über-Ich*. Das *Es* ist das im weitesten Sinne Triebhafte im Menschen. Das *Über-Ich* stellt im wesentlichen das an den Eltern und Erziehern orientierte *Gewissen* dar, während das *Ich* die Beziehungen zwischen Es, Über-Ich und der Realität zu regeln hat. Der Zensor wäre also in diesem Sinne ein Werkzeug des Ich. Er tritt dann in Aktion, wenn bestimmte triebhafte Wünsche sich durchsetzen wollen, also wenn z. B. primitive Rachegelüste oder sexuelle Wünsche auftreten, deren Befriedigung von der Gesellschaft nicht gestattet werden, mithin unter einem Tabu stehen.

Andere Symptome sind zwanghafte Eigentümlichkeiten, die mehr oder weniger bei jedem Menschen zu finden sind, wie z.B. fest geregelte Handlungen beim Aufstehen und Zubettgehen, ohne deren Einhaltung der Betreffende sich nicht wohl fühlt. Manche Menschen vergewissern sich immer wieder, wenn sie eine Karte in den Briefkasten geworfen haben, ob sie auch wirklich in den Briefkasten hineingefallen ist; andere werden unruhig und müssen immer wieder nachsehen, ob sie den Gashahn auch wirklich abgedreht haben. Weiterhin sei hier die *Kleptomanie* genannt, ein unwiderstehlicher Zwang, etwas zu stehlen. *Zwangshandlungen* können Menschen weitgehend an einem zufriedenen und angepaßten Leben hindern.

Auch Konzentrationsschwierigkeiten oder *Konzentrations-*

unfähigkeit, nämlich die Erscheinung, daß viele Schüler und auch Erwachsene Schwierigkeiten haben, sich auf ganz bestimmte Tätigkeiten zu konzentrieren, so auf das Lesen eines Buches, können in vielen Fällen als ein Symptom betrachtet werden. Ein Student mag etwa den Wunsch, mit seiner Freundin zusammen zu sein, zurückgestellt haben, um an einem Referat zu arbeiten. Trotzdem kann er sich nicht auf die Arbeit konzentrieren, weil der verdrängte Wunsch im Symptom der Unkonzentriertheit ins Bewußtsein drängt.
Die *Phobien*, mehr oder weniger bestimmte Ängste, sind eine weitere wichtige Gruppe von Symptomen. Um sie richtig verstehen zu können, müssen wir hier zunächst den Unterschied zwischen *Furcht* und *Angst* deutlich machen. Wir sprechen in der Psychologie von Furcht immer dann, wenn eine wirkliche Gefahr vorhanden ist. Bei der Angst dagegen überwiegt ein unbestimmtes Gefühl von drohenden und nicht zu übersehenden Ereignissen und Situationen, gegen das man sich nicht wehren kann. Dieses Gefühl ist oft völlig vage und unspezifisch. Wenn diese Ängste an bestimmte Situationen und Gegenstände gebunden sind, sprechen wir von Phobien. Es kann z. B. die Angst sein, freie Plätze zu überqueren oder in abgeschlossene Räume zu treten, sich schmutzig zu machen oder bestimmte Dinge zu sich zu nehmen. Es kann aber auch die Angst vor an sich harmlosen Tieren sein. Werden diese Ängste sehr stark oder treten sie sehr häufig auf, dann sind sie als Symptome einer schweren *Neurose* anzusehen. Diese Neurose kann das Leben eines Menschen ganz erheblich erschweren und ihm eine Anpassung an seine Umwelt sogar unmöglich machen. Sie entstehen letztlich wie Fehlleistungen dadurch, daß ein verdrängter Teil eines Konfliktes als Symptom wieder zum Vorschein kommt. Häufig treten bei *einem* an einer Neu-

rose erkrankten Menschen mehrere Symptome gleichzeitig auf.

Wir haben bis jetzt die Verdrängung vor allem als ein Mittel zur Vermeidung von Konflikten und Triebspannungen kennengelernt. Daneben gibt es noch eine Reihe anderer *Abwehr-* oder *Verteidigungsmechanismen* zur Unterdrückung oder zur Bewältigung solcher Triebregungen. Anna FREUD (geb. 1895)[1] nennt neben der Verdrängung noch eine Reihe weiterer Abwehrmechanismen, wie Regression, Identifikation, Kompensation und Sublimierung[2].

Unter *Regression* wird das Zurückgehen, das Regredieren auf Verhaltensweisen einer früheren Entwicklungsstufe, verstanden. Beispiele dafür sind das *Bettnässen* von älteren Kindern und Jugendlichen oder die Wiederbenutzung der Kindersprache, etwa wenn ein neues Kind in der Familie geboren wird.

Die *Identifikation* ist die unbewußte Gleichsetzung mit einer geliebten oder gehaßten Person. So identifiziert sich z. B. ein Kind, das durch einen dunklen Keller gehen muß, mit dem gefürchteten Geist oder Einbrecher. Indem es in seiner Phantasie sich selbst als Geist oder Einbrecher sieht, vermindert es seine Angst und erhalt mehr Sicherheit. So identifiziert sich der Jugendliche mit seinem Vater. Die Identifizierung mit dem Vater ist aber nicht nur eine Abwehrreaktion, sondern die Form, in der Ideale und Verhaltungsweisen des Vaters übernommen werden können.

Die *Kompensation* ist der Versuch, bestimmte tatsächliche oder eingebildete Minderwertigkeitsgefühle durch Ausgleichshandlungen zu ersetzen. So können bestehende Mängel, etwa körperliche Schwächen, durch größere sportliche Anstrengungen tatsächlich kompensiert werden. Aber es gibt auch

[1] L. 37. – [2] Siehe auch Walter TOMAN, L. 129.

sogenannte *Überkompensationen*, etwa wenn ein besonders kleiner Mann durch überlautes Verhalten und Wichtigtuerei unbewußt diesen Mangel auszugleichen sucht.
Unter vielen weiteren Abwehrmechanismen soll hier nur noch die *Sublimierung* genannt werden. Hierbei werden sozial nicht erwünschte Triebe und Wünsche in sozial erlaubte und erwünschte Aktivitäten umgesetzt. So kann der ursprünglich kindliche Wunsch, mit dem eigenen Kot zu spielen, dadurch sublimiert werden, daß der Betreffende sich dem Malerberuf zuwendet; oder daß ein anderer übermäßig starke aggressive Wünsche durch eine Tätigkeit als Schlachter abreagiert.
Es ist erstaunlich, wie oft solche mehr oder weniger starken Abwehrreaktionen auch bei sonst »normalen« Menschen zu finden sind.
Wir hatten am Anfang dieses Kapitels gesagt, daß unter *Psychoanalyse* erstens die umfassende psychologische Theorie FREUDS zu verstehen ist, zweitens ein Hilfsmittel der Diagnostik und drittens insbesondere die *Therapie*, die Behandlungsmethode. Sie dürfte der praktisch bedeutsamste Teil der Psychoanalyse sein. Durch die Behandlung sollen dem Patienten seine verdrängten Konflikte bewußt gemacht werden.
Freud erkannte die Bedeutung der *Bewußtmachung* zuerst bei einigen durch *Hypnose* behandelten Kranken. Da er durch diese Behandlung jedoch bei manchen Patienten keine befriedigenden Ergebnisse erzielen konnte, ersetzte er sie später durch die Methode der *freien Assoziation*. Hierbei kommt es darauf an, daß der Patient, körperlich und seelisch entspannt auf einer Couch liegend, dem Psychotherapeuten alles erzählt, was ihm in den Sinn kommt. Er wird vorher ausdrücklich darauf hingewiesen, keinesfalls etwas auszulassen oder zu unterdrücken, auch wenn es ihm als unwichtig

oder ungehörig erscheinen sollte. Die freiassoziierten Bewußtseinsinhalte werden dann gelegentlich gedeutet, d. h. sie werden gemeinsam vom Patienten und vom Psychotherapeuten in einen Zusammenhang mit verdrängten Komplexen gebracht und erklärt. Auch Träume werden in ähnlicher Weise als Hilfsmittel benutzt. Eine solche Behandlung mit den Mitteln der klassischen Psychoanalyse kann mehrere hundert Stunden in Anspruch nehmen, bevor sie zu einem endgültigen Erfolg führt.

Die Tiefenpsychologie kann bei der Erforschung des Individuums und der Heilung seelischer Schwierigkeiten von großem Wert sein. Gegen ihre Erkenntnisse im einzelnen werden aber immer wieder starke Einwände geltend gemacht. Widerstand und Aggressivität hat FREUD selbst in seinem Leben oft genug erfahren müssen. Er hat eine solche Haltung seiner Gegner zum Teil damit erklärt, daß die Tiefenpsychologie eine der großen *Beleidigungen der Menschheit* darstellt. Bisher sei sie in ihrem Selbstgefühl dreimal schwer getroffen worden. Die erste Beleidigung war das heliozentrische Weltsystem des Kopernikus, wonach die Erde nicht mehr als der Mittelpunkt des Weltalls angesehen werden konnte; die zweite Beleidigung war die Lehre Darwins, wodurch die Verwandtschaft des Menschen mit dem Affen nachgewiesen wurde, und die dritte Beleidigung sei die Psychoanalyse. Bis dahin war die Überlegenheit und Sonderstellung der Menschen vor allem damit begründet worden, daß ihre Handlungsweisen weitgehend ein Resultat freier Selbstbestimmung, Überlegung und geistiger Entscheidungen seien. Jetzt mußten sie erkennen, daß vieles ihrem Bewußtsein gar nicht zugänglich ist und daß ihre Entscheidungen häufig durch unbewußte Motive beeinflußt werden.

2

Der ursprüngliche theoretische Ansatz FREUDS ist von ihm selbst und von seinen Schülern ständig weiterentwickelt und dabei zum Teil erheblich verändert worden. Die bedeutendsten seiner Schüler waren Alfred ADLER und Carl Gustav JUNG. Sie haben sich später von FREUD getrennt und eigene Systeme entwickelt.

ADLER nannte seine Richtung *Individualpsychologie*[1]. Die Hauptgesichtspunkte seiner Lehre sind: Jeder Mensch lebt nach einem Lebensplan, einer *Leitlinie*, die ihm aber meist nicht bewußt ist. Diese Leitlinie kann sich zu sogenannten *Dressaten* verdichten, wie etwa: »Die Menschen sind schlecht, also muß ich sie fürchten«, oder: »Ich bin häßlich, also liebt mich kein Mensch«. Adler hat vor allem die große Bedeutung der frühen Kindheit für den Aufbau des Charakters gesehen.

Das *Minderwertigkeitsgefühl* spielt seiner Ansicht nach im Leben des Menschen eine entscheidende Rolle. Es entsteht aus den Erfahrungen der kindlichen Hilflosigkeit. Bei normaler Entwicklung des Kindes verliert dieses Gefühl sich später, und ein gesundes Selbstvertrauen tritt an seine Stelle. Ein allgemein auftretendes Minderwertigkeitsgefühl kann verstärkt werden durch eine *Organminderwertigkeit*, wie körperliche Schwäche und körperliche Gebrechen, durch die Geschlechterrolle innerhalb einer bestimmten Kultur, durch eine schlechte Stellung des Kindes in der Familie, durch entmutigende Erziehung, z.B. durch Überforderungen, durch die soziale Stellung der Familie, etwa beim Arbeiterkind in einer mittelständischen Umgebung.

Die Reaktionen auf die Minderwertigkeitsgefühle sind vor

[1] L. 2.

allem das »Obenseinwollen«, aus dem sich das »*Machtstreben*« entwickelt. Hierzu gehört auch der »*männliche Protest*« bei Frauen, die mit ihrer weiblichen Rolle nicht zufrieden sind. Im Zusammenhang damit steht auch die Überkompensation, d.h. die Überbetonungen von Ausgleichshandlungen. Aus diesen Überlegungen heraus formuliert ADLER einen neuen Begriff der *Neurose.* »Jede Neurose kann als der Versuch verstanden werden, uns von dem Gefühl der Minderwertigkeit zu befreien und ein Gefühl der Überlegenheit zu bekommen.« In der späteren Entwicklung der Individualpsychologie tritt als zweiter Zentralbegriff neben das Minderwertigkeitsgefühl das *Gemeinschaftsgefühl.* Die richtige Bewältigung der drei menschlichen Gemeinschaftsaufgaben besteht in: Ausfüllung eines Berufes, Entfaltung einer hinreichenden sozialen Kontaktfähigkeit, Erfüllung der Pflichten des Liebes- und Ehelebens. ADLER sagt dazu: »Alle seelisch Unglücklichen, der Neurose oder der Verwahrlosung verfallenen Menschen stammen aus der Reihe derer, denen es nicht gegönnt war, in jungen Jahren ihr Gemeinschaftsgefühl zu entwickeln.«

Ein Schüler von Alfred ADLER, Fritz KÜNKEL[1] (1889–1956) hat der Lehre ADLERS einige wesentliche Gesichtspunkte hinzugefügt. So betont KÜNKEL besonders den Gegensatz von *Sachlichkeit* und *Ichhaftigkeit.* Der sachliche Mensch tut etwas um der Sache willen. Ein Kind zum Beispiel, das tanzt, ist sachlich, wenn es Freude an der Bewegung hat. Aber es wird ichhaft, wenn es dies nur tut, um sich von seinen Geschwistern abzuheben oder um Eindruck bei den Eltern zu machen. Ichhaftigkeit kann durch Verzärtelung entstehen, die Hilflosigkeit zur Folge hat oder durch Lieblosigkeit und harte Behandlung. KÜNKEL übernimmt von ADLER die Idee

[1] L. 76.

der *Dressate*: Die Erfahrungen des Kleinkindes zeigen sich in seinem späteren Charakter festgelegt wie in den Paragraphen eines Gesetzbuches. Beim verhärteten Kind sehen diese Dressate etwa so aus:

§ 1: Tue alles auf eigene Faust.

§ 2: Die Erwachsenen sind deine Feinde.

§ 3: Um sie auszunutzen, mußt du sie überlisten. Stelle sie in deinen Dienst.

KÜNKEL spricht von dem *circulus vitiosus*, dem Teufelskreis: Ein Kind, das ängstlich ist, wagt nichts mehr. Dieses Verhalten führt zu Mißerfolgen, und damit wird es noch ängstlicher und wagt noch weniger... Der Ausweg aus einem solchen Teufelskreis kann nur durch Aufgabe der *Ichhaftigkeit* erreicht werden.

Weiterhin ist KÜNKELS Lehre vom *Spannungsbogen* wichtig, d. h. vom Abstand zwischen der Entstehung eines Wunsches und seiner Befriedigung. Dieser Spannungsbogen muß in der Erziehung systematisch erweitert werden. Das kleine Kind kann noch nicht warten, bis ihm die Flasche gereicht wird; es lernt erst später, die sofortige Befriedigung triebhafter Wünsche zurückzustellen. In der Schule werden immer weiter gespannte Aufgaben gestellt; in der Universität wartet der Student oft Jahre, ehe er zu einem Erfolg kommt.

3

Carl Gustav JUNG[1], ein Schweizer Psychiater, der seine tiefenpsychologische Theorie *komplexe Psychologie* nannte, verstand das *Unbewußte* umfassender als FREUD. Er sprach von einem

[1] L. 65.

persönlichen Unbewußten und unterschied dabei das aus dem Bewußtsein zurückgestellte, jederzeit wieder bewußt zu machende Unbewußte, also das Vergessene, das unterschwellig Wahrgenommene, das dem Vorbewußten bei FREUD entspricht, und das Verdrängte, also das eigentliche Unbewußte bei FREUD. Hinzu kommt bei JUNG das *kollektive Unbewußte*, dessen Inhalte nicht aus unseren persönlichen, sondern aus menschheitsgeschichtlichen Erwerbungen stammen. JUNG unterteilt das kollektive Unbewußte in den Teil, der niemals in das Bewußtsein gehoben werden kann, und den anderen Bereich, der gelegentlich zum Ausdruck kommt.

4

Einer der bedeutendsten deutschen Tiefenpsychologen war Harald SCHULTZ-HENCKE (1892–1953), der die Psychoanalyse in Deutschland während der nationalsozialistischen Zeit vertrat. Die Forschungsergebnisse FREUDS, ADLERS und JUNGS wollte er zu einer allgemein verbindlichen Theorie zusammenfassen. Diesem Versuch liegt die Überzeugung zugrunde, daß alle drei genannten Autoren *eine* Seite der *Neurose* sachgerecht beschrieben hätten, wobei sie jeweils diese eine Seite irrtümlicherweise für das Ganze hielten. SCHULTZ-HENCKE gibt an, daß sein System zu zwei Dritteln aus Positionen FREUDS bestehe und sich das übrige Drittel aus den Auffassungen JUNGS und ADLERS zusammensetzt. Er erhebt nicht den Anspruch, eine neue, eigenständige Lehre begründet zu haben. Seine Vereinigungstheorie nannte er *Neo-Psychoanalyse*[1].
Bei SCHULTZ-HENCKE spielen die Begriffe *Hemmung*[2] und

[1] L. 109. – [2] L. 108.

Antrieb eine wesentliche Rolle. Die Zwiespältigkeit und Konflikthaftigkeit des Lebens kann durch drei Möglichkeiten bewältigt werden: Durch das Ausgleichen zweier entgegengesetzter Antriebe mittels der Vernunft sowie durch den Verzicht auf die Befriedigung eines der konflikthaften Antriebe und durch die Hemmung eines Antriebes. Beim »vernünftigen« Ausgleichen und beim Verzicht auf die Befriedigung eines der Antriebe ist der von der Befriedigung zurückgestellte Antrieb weiterhin vorhanden. Dagegen schwächt eine Hemmung den Antrieb, und oft bleiben nur »Spuren« des gehemmten Antriebes, das *Symptom*. Ist mit dem Entstehen einer Hemmung gleichzeitig verbunden, daß die Erinnerung an das nunmehr gehemmte Antriebserleben und die Umstände der Hemmung erschwert sind, so nennt SCHULTZ-HENCKE diesen Gesamtvorgang *Verdrängung*. Somit umfaßt Hemmung bei ihm mehr als Verdrängung bei FREUD.

5

In den Vereinigten Staaten hat vor allem während des Zweiten Weltkrieges eine interessante Fortentwicklung der Psychoanalyse FREUDS stattgefunden, und zwar in ähnlicher Richtung wie bei SCHULTZ-HENCKE. Zwei Hauptvertreter dieser Richtung, der sogenannten *Kulturschule*, sind Karen HORNEY (1885–1952) und Erich FROMM (geb. 1900). Karen HORNEY ist besonders durch zwei ihrer Bücher[1] bekannt geworden. In »Neue Wege in der Psychoanalyse« ist sie mit FREUD einig über die Bedeutung des Unbewußten, die Theorie der Verdrängung und über die psychoanalytische Therapie.

[1] L. 58, 59.

Unter dem Einfluß der *Kulturanthropologie* (cultural anthropology)[1] und der modernen Soziologie hält sie jedoch die Einflüsse der Umwelt[2] bei der Entstehung von *Neurosen* für bedeutender als Freud.

Freud, der in den wissenschaftlichen und ethischen Anschauungen seiner Zeit wahrscheinlich stärker befangen war als seine Nachfolger, hatte zudem auch manche dieser neueren Untersuchungsergebnisse noch gar nicht zur Verfügung. Für ihn hatte vieles im menschlichen Verhalten, was heute als kulturell bedingt betrachtet wird, noch eine unwandelbare biologische Ursache.

Dagegen können nach Karen Horney auch Konflikte Neurosen veranlassen, die nur in der Gesellschaft selbst liegen, also in der sozialen und kulturellen Situation. Zum Beispiel kann der Konflikt zwischen dem Gebot christlicher Nächstenliebe und dem harten Wettbewerb der amerikanischen Wirtschaft zu einer Neurose führen.

Von den vielen Schriften Erich Fromms seien hier nur zwei erwähnt. In »Furcht vor der Freiheit«[3] gab er schon 1945 eine psychoanalytische Deutung der Hitlerbewegung. Später folgte dann »Psychoanalyse und Ethik«[4], einer der ersten Versuche, eine Ethik auf psychoanalytischer Grundlage aufzubauen. In diesem Buch behandelt Fromm auch ein Problem, das besonders in der Anfangszeit der *Psychoanalyse* viel diskutiert worden ist. Immer wieder wurde ihr vorgeworfen, für die Auflösung sittlicher Werte weitgehend mitverantwortlich zu sein. Fromm zeigt in seinem Buch, daß es durchaus möglich ist, auf Grund tiefenpsychologischer Einsichten zu einer verpflichtenden Weltanschauung zu gelangen.

[1] A. 7. – [2] Horst-Eberhard Richter, L. 101 und 102. – [3] L. 46. – [4] L. 47.

6

Die Literatur über Tiefenpsychologie ist heute fast unüberschaubar. Ihre Einsichten wurden auf viele andere Gebiete übertragen, so auf die Literatur, die Malerei, die Bildhauerei und deren Interpretation, auf die Geschichtswissenschaft und die Soziologie. In populären Schriften, vor allem auch in den Illustrierten, spielt die Tiefenpsychologie eine große Rolle. Ausdrücke wie Verdrängung, Komplex, Minderwertigkeitsgefühl und Neurose sind in die Umgangssprache eingegangen.

Dagegen scheint die Forderung einer *Anwendung der tiefenpsychologischen Erkenntnisse allgemein auf die Erziehung*, besonders auch auf die Selbsterziehung, bisher kaum einen nennenswerten Erfolg gehabt zu haben[1]. Solche Möglichkeiten haben bereits Adler und Künkel und später Karen Horney, vor allem Erich Fromm, deutlich gemacht. Gerade für Menschen unserer Zeit dürfte es von entscheidender Bedeutung sein, daß sie befähigt werden, die Erkenntnisse der Tiefenpsychologie auf ihr eigenes Verhalten anzuwenden. Viele Menschen, nicht nur Neurotiker, machen sich und anderen das Leben schwer, weil sie es einfach nicht meistern können und immer wieder mit anderen in Konflikt geraten. Man muß sich etwa einmal überlegen, wie selten es in einer Behörde, einem Industriewerk, einem Lehrer- oder Erzieherkreis, bewußte und wirkungsvolle Zusammenarbeit gibt. Fast immer wird in einer solchen Gruppe ein großer Teil der Energien auf zwischenmenschliche Reibereien und Machtkämpfe verwandt. Diese können das persönliche Weiterkommen, das Ansehen oder den *Status* des Einzelnen betreffen. Dadurch entsteht ein schlechtes Arbeitsklima; ein

[1] A. 8.

erheblicher Teil der Arbeitskraft geht für die sachliche Tätigkeit verloren, und die Arbeitsfreude wird weitgehend vermindert.

In diesem Zusammenhang möchte ich auf ein Problem hinweisen, das einer besonderen Untersuchung wert wäre: Auf den *Ehrbegriff* und das, was der einzelne Mensch unter Verletzung seiner Ehre versteht. Man müßte Einzelbeispiele analysieren, in denen jemand sich in seiner Ehre angegriffen fühlt, und würde wahrscheinlich bald erkennen, daß beim Angegriffenen, aber auch beim Angreifenden unbewußte Faktoren mitspielen, durch die sich sowohl die Schärfe des Angriffs wie auch die Stärke der Reaktion überhaupt erst erklären läßt.

Im täglichen Leben gibt es häufig Gelegenheiten, bei denen wir im Verhältnis zur tatsächlichen Situation übermäßig stark angreifen oder überstark reagieren, weil wir uns der Zusammenhänge zwischen den Motiven und der Reaktion nicht bewußt sind. Kurz bevor ich dies niederschrieb, war ich im Auto von einem anderen Wagen überholt und abgedrängt worden und hatte daraufhin wütend gehupt und vor mich hingeschimpft, weil ich der Meinung war, der andere Fahrer hätte mich gefährdet. Erst später kam mir der Gedanke, daß ich wahrscheinlich unbewußt – wie schon öfter – meinen Wagen beschleunigt hatte, um das »beleidigende« Überholtwerden zu verhindern.

Auch *Prüfungen* sind ein Beispiel dafür, daß der Mensch stets in der Gefahr ist, sein Urteil durch unbewußte Motive trüben zu lassen. Es scheint mir eine durchaus berechtigte Forderung an den Prüfenden zu sein, sich seine persönlichen Gefühle dem Prüfling gegenüber bewußt zu machen. Die meisten reagieren verschieden, wenn sie einen jungen Mann oder ein junges Mädchen vor sich haben. Soziale Vorurteile oder die

Zugehörigkeit zu einer bestimmten Religion oder Rasse u. a. können unsere Beurteilung positiv oder negativ beeinflussen. Eine Prüfungssituation ist voll von solchen oder ähnlichen Gefahren. Z. B. kann der Dialekt eines Studenten uns sympathisch oder unsympathisch sein. So weiß ich von mir selbst, daß ich einen Schwaben lieber sprechen höre als einen Sachsen; da ich mir aber dessen bewußt bin, kann ich verstandesmäßige Hemmungen einschalten, um nicht ungerecht zu werden. In einer solchen Situation muß man sich sogar vor einem »*leaning backwards*« hüten, d. h. hier vor der Gefahr, einen sympathischen Menschen überkritisch zu beurteilen und umgekehrt.

Bei den bisherigen Beispielen handelt es sich um Fragen von begrenzter Bedeutung im Verhältnis zu den sehr ernsten und weitreichenden Auswirkungen, die *unbewußte Motive in der Politik* haben können. Auch hier sind es häufig persönliche Gründe, vor allem des Ehrgeizes, des Machtstrebens und des Prestiges, die zu Entscheidungen führen, die sachlich nicht zu rechtfertigen sind. Man kann in der Geschichte unschwer viele Belege hierfür finden, bis zu Entscheidungen über eine Kriegserklärung hin[1].

Nach den angeführten Beispielen könnte es scheinen, als ob es sich hierbei stets um neurotische Reaktionen handeln müsse. SCHULTZ-HENCKE hat bereits darauf hingewiesen, daß in der heutigen Zeit alle Menschen mehr oder weniger gehemmt sind und unter den Folgen ihrer *Hemmungen* leiden. Qualitativ ist also jeder Mensch neurotisch. Er bezeichnet jedoch den leicht neurotischen Menschen als neurotoid und stellt ihm den seelisch schwer Erkrankten, den eigentlichen *Neurotiker*, gegenüber.

Zur Behebung schwerer neurotischer Störungen ist eine ana-

[1] A. 9.

lytische *Psychotherapie* erforderlich. Zur Behebung neurotoider Störungen bietet sich eine spezielle Form der *Bewußtmachung* an. Sie ist eine Maßnahme der Selbsterziehung und der erzieherischen Beeinflussung.

Jeder Pädagoge und Psychologe, der sich die Erkenntnisse der Tiefenpsychologie zu eigen gemacht hat und sie auf sich anwendet, wird – auch ohne selbst eine reguläre *Psychoanalyse* durchgemacht zu haben – in der Lage sein, dabei Hilfe zu leisten.

Eine Vorstufe der Bewußtmachung ist die *Klärung*. Sie besteht darin, daß der Mensch erst einmal versucht, sich über seine Handlungen Rechenschaft abzulegen. Er wird lernen, sich selbst, seine eigenen Gefühle und Verhaltensweisen kritisch und verstehend zu sehen und sich damit auch ein sachlicheres Bild seiner Umwelt und der Menschen machen, mit denen er es zu tun hat. Bei der Klärung handelt es sich also um die Verarbeitung von bewußten Denkinhalten.

Bei der *Bewußtmachung* dagegen geht es um Material, das dem Denken nicht ohne weiteres zugänglich ist, sondern im Vorbewußten dicht unterhalb der Bewußtseinsschwelle liegt. Es kann durch Hilfe eines anderen, oft auch schon durch eigenes intensives Bemühen ins volle Bewußtsein gehoben werden. Die Bewußtmachung kann helfen, unklare *Ängste* und Schuldgefühle zu erhellen und die Verzerrungen der Wirklichkeit, denen wir ständig ausgesetzt sind, richtigzustellen. So kann sie verhindern, daß wir eigene Schwierigkeiten und die anderer unverhältnismäßig stark empfinden und unsere persönlichen Sorgen und Schwächen auf unsere Mitmenschen projizieren. In der Ausbildung der *Sozialarbeiter*, der Fürsorger, hat man für eine solche Bewußtmachung schon einen gangbaren Weg gefunden. Zeigt ein junger Sozialarbeiter bei seiner Tätigkeit überstarke emotionale Reaktionen, so kann ihm ein erfahrener Kollege als Anleiter *(Supervisor)*[1] helfen, sich der Ursachen dieser Reaktionen bewußt zu werden.

Klärung und *Bewußtmachung* können gelehrt werden und sollten zum Lehrgegenstand für alle beruflichen Erzieher gehören. Wie diese Aufgabe angegangen werden kann, soll an zwei Beispielen aus meinem eigenen Erfahrungsbereich gezeigt werden.

Schon vor über vierzig Jahren wurde bei Jugendlichen im hamburgischen Jugendgefängnis Hahnöfersand[2] und später im Jugendgefängnis Eisenach mit der Methode der Bewußtmachung gearbeitet. Wir versuchten damals, den jungen Strafgefangenen ihre gegenwärtige Situation an dem Bild deutlich zu machen, daß sie von dem Weg abgekommen seien, den man im gewöhnlichen Leben ohne viel Überlegung geht. Wir verglichen sie mit Menschen, die sich in einem dichten Wald verirrt hätten und nun erst einmal genau überlegen müßten, welche Richtung sie einzuschlagen hätten, um wieder auf die Hauptstraße zu gelangen. Dabei sollten sie auch versuchen, sich darüber klarzuwerden, wodurch sie in die Irre geraten waren. In diesem Bemühen war das Prinzip der Klärung wie auch das der Bewußtmachung enthalten. Wir gingen allerdings damals davon aus, daß die straffällig gewordenen Jugendlichen sich grundsätzlich von den anderen Jugendlichen unterschieden. Das war seinerzeit wohl auch richtig, würde aber auf die heutige Jugend und überhaupt auf die heutigen Menschen nicht mehr voll zutreffen, weil wir alle mehr oder weniger die Sicherheit des Weges verloren haben. So ist die Bewußtmachung eine Forderung, die an jeden Menschen unserer Zeit gestellt werden sollte.

Das zweite Beispiel: Zu Beginn der Herrschaft des Nationalsozialismus übernahm ich die Leitung eines Lehrgutes in

[1] A. 10. – [2] vgl. Walter HERRMANN, L. 52.

Schlesien[1], auf dem etwa hundert jüdische Jungen und Mädchen im Alter von fünfzehn bis fünfundzwanzig Jahren als Landwirte für die Auswanderung vorbereitet wurden. Hier handelte es sich im Gegensatz zu den Strafgefangenen um eine positive Auslese. Die Aufgabe bestand darin, diesen jungen Menschen, von denen sich vorher viele kaum als Juden gefühlt hatten, deutlich zu machen, daß sie nunmehr zu einer stark diskriminierten *Minderheit* gehörten. Sie mußten ständig darauf gefaßt sein, von der Mehrheit abgelehnt und angegriffen zu werden. Dieses Bewußtsein sollte sie befähigen, ihre Situation nicht nur klar zu erkennen, sondern auch ohne Verdrängung und Ressentiment zu ertragen. Als Ende 1938, nach der sogenannten Kristallnacht, alle über achtzehn Jahre alten Männer des Lehrgutes in ein Konzentrationslager gebracht wurden, haben diese jungen Menschen jene – wenn auch nur einige Wochen dauernde – Zeit erstaunlich gut überstanden. Sicher hing dies auch mit der vorhergegangenen gedanklichen und gefühlsmäßigen Bewältigung ihrer persönlichen Situation zusammen.

Hier sei noch auf die Arbeit von Klaus Eyferth (geb. 1928)[2] u.a. über *Mischlingskinder* hingewiesen. Es handelt sich um die mindestens 6000 Kinder von amerikanischen Negern und weißen Müttern in der Bundesrepublik. In dieser Schrift wird ebenfalls die Meinung vertreten, daß die Kinder eher ohne neurotische Erkrankungen aufwachsen können, wenn sie von früh an wissen, daß sie zu einer andersartigen und weitgehend diskriminierten Minderheit gehören und jederzeit auf Herabsetzungen und Kränkungen gefaßt sein müssen.

Es ist auch durchaus möglich, daß in der Familie und in der Schule allgemeine Vorurteile und Ressentiments bewußt ge-

[1] vgl. Werner T. Angress, L. 7. – [2] L. 30.

macht werden. Auf diese Weise würden wahrscheinlich viele Lebensschwierigkeiten vermieden und Ungerechtigkeiten und Streitigkeiten verhindert werden können. Wenn die Fremderziehung nach Beendigung der Schulerziehung weitgehend aufhört, können diese jungen Menschen bereits so weit sein, daß sie das, was sie bis jetzt gelernt haben, als *Selbsterziehung* selbständig fortführen. Sie werden dann mit weit größerer Selbstkritik und Selbstkontrolle ihr Leben führen. Allerdings darf diese Art der Selbsterziehung nicht aufhören, sondern muß ständig weiter durchgeführt werden. Immer wieder treten neue Schwierigkeiten auf, immer wieder hat sich der Mensch mit Versuchungs- und Versagungssituationen auseinanderzusetzen, z. B. im Beruf, in der Ehe und in vielem anderen, nicht zuletzt bei dem sehr schwierigen Problem des Altwerdens. Es gehört erfahrungsgemäß viel Bewußtmachung dazu, mit Anstand zu altern, also trotz gesteigerter körperlicher Anfälligkeit, dem Nachlassen bestimmter geistiger Kräfte, dem Verlust des bisherigen Status und anderem mehr nicht ungeduldig, pessimistisch, egoistisch oder gar bösartig zu werden.

Zum Abschluß sollen noch einige mögliche Mißverständnisse ausgeschlossen werden:

Bewußtmachung ist mehr als ein rein intellektueller Prozeß. Bewußtmachung bedeutet keinesfalls eine dauernde Analyse des eigenen Erlebens, sie ist nicht Selbstsezierung und muß nicht ursprüngliches und unmittelbares Erleben verhindern. Sie ist kein Ersatz für die notwendige ethische Fundierung jeder Fremd- oder Selbsterziehung. Mit Bewußtmachung allein kann man sowohl ein verantwortungsvoll lebender Mensch als auch ein geschickter Verbrecher sein.

VII Erziehungsberatung

1

Einer der wesentlichen Fortschritte in der sozialen Arbeit und gleichzeitig eines der Hauptarbeitsgebiete des praktisch tätigen Psychologen ist die *Erziehungsberatung*[1].
Schon vor zweieinhalb Jahrzehnten lernte ich in den USA die Arbeit der Erziehungsberatungsstellen kennen. In der Bundesrepublik hat sich in den letzten Jahren die Zahl der Erziehungsberatungsstellen erheblich vergrößert. 1966 gab es bereits 355 solcher Institutionen.
Die Notwendigkeit dieser Einrichtungen ergibt sich einmal aus den immer häufiger auftretenden seelischen Störungen und Fehlentwicklungen bei Kindern und Jugendlichen und zum anderen aus der großen erzieherischen Rat- und Hilflosigkeit vieler Eltern und Lehrer.
Das große Gebiet der gestörten Persönlichkeitsentwicklung von Kindern und Jugendlichen, dabei speziell das Problem der *Verwahrlosung* und der *Kriminalität*, läßt sich heute nicht mehr von *einem* Wissenschaftszweig aus allein bearbeiten. Statt dessen hat sich die Zusammenarbeit von Vertretern der verschiedenen Fachrichtungen – in *Team*arbeit – gut bewährt.
Erziehungsberatungsstellen wurden zuerst in den angelsächsischen Ländern eingerichtet. Sie sind im allgemeinen mit drei verschiedenen Gruppen von Fachkräften besetzt: Einem Arzt, der möglichst auch psychiatrisch und psychotherapeutisch ausgebildet sein soll, einem Psychologen, der vor allem für die psychodiagnostische Arbeit verantwortlich ist, und einem Sozialarbeiter, der sich besonders mit der Beurteilung der Umweltverhältnisse und mit der Ermittlung

[1] A. 11.

der Anamnese, der Entwicklungsgeschichte des Klienten und seiner Eltern, befaßt.

Daneben gibt es noch einen zweiten gewichtigen Grund, warum wir in der Regel verschiedene Mitarbeiter für *ein* Kind oder *einen* Jugendlichen benötigen. Häufig beruhen die Schwierigkeiten des Kindes auf einer Störung seiner Beziehung zur Mutter oder zum Vater. In einem solchen Fall wäre es nicht richtig, wenn die gleiche Person mit dem Kind *und* den Eltern arbeitet, weil das Kind befürchten würde, daß das, was es dem Mitarbeiter erzählt, nur allzu leicht den Eltern mitgeteilt wird und umgekehrt. Zur Teamarbeit gehört ferner, daß in ausführlichen Besprechungen die Befunde der einzelnen Mitglieder sorgfältig zusammengefügt werden, um dann eine Entscheidung treffen zu können, welche Beratung gegeben und welche Erziehungsmaßnahmen vorgeschlagen werden sollen.

Die Heranziehung weiterer Spezialisten für Gruppentherapie, rhythmische Gymnastik, Schreib- und Leseschwäche, Werkarbeit u.a. ist sehr wünschenswert, denn je vielfältiger die Mitarbeiterschaft ist, desto größere Erfolge sind bei der Behandlung möglich.

Die Aufgabe der Erziehungsberatung ist es, Kindern und Jugendlichen, die an seelischen Störungen leiden, zu helfen bzw. Eltern bei der Überwindung von *Erziehungsschwierigkeiten* ihrer Kinder zu unterstützen.

Es wird immer deutlicher, wie wichtig es ist, daß Kinder und Jugendliche möglichst frühzeitig zur Diagnose und Behandlung überwiesen werden. Dadurch sind die Ursachen für die Fehlentwicklung leichter zu finden und Erziehungsschwierigkeiten mit mehr Aussicht auf Erfolg anzugehen, als wenn etwa ein Jugendlicher schon mit verfestigten Charakterfehlern vor den Jugendrichter kommt.

Die Aufgaben haben sich in den letzten Jahren wesentlich erweitert. Bisher wurde vor allem auf Grund von Anamnese, Exploration, Testuntersuchungen und einer Psychogenese der Fehlentwicklung ein Persönlichkeitsbild des Klienten erstellt; dazu kamen eine Prognose und schließlich die Beratungsvorschläge. Inzwischen mußten die Erziehungsberatungsstellen immer mehr psychotherapeutische Arbeit übernehmen, da es im allgemeinen nur schwer möglich ist, unsere Klienten zur Behandlung an Psychotherapeuten außerhalb der Erziehungsberatungsstelle zu überweisen. Auch darum wendet sich heute eine beträchtliche Anzahl von Psychologen der Psychotherapie zu.

Immer mehr wird jetzt erkannt, daß neben die pädagogische und psychotherapeutische Arbeit mit den Kindern in vielen Fällen auch die intensive *Arbeit mit den Eltern* treten muß, und zwar einzeln oder in Gruppen. Denn wir wissen heute, daß Fehlentwicklungen von Kindern in ursächlichem Zusammenhang mit der Haltung der Eltern und sonstiger Erzieher stehen können, z. B. wenn deren eigene Schwierigkeiten fast zwangsläufig zu falschen Erziehungspraktiken führen. Die zuerst von FREUD geäußerte Annahme, nach der die Ursachen für eine *kindliche Fehlentwicklung* bereits in den ersten Lebensjahren liegen können, ist inzwischen durch viele Untersuchungen bestätigt worden und wird heute nicht nur von Psychotherapeuten, sondern auch von zahlreichen Kinderärzten, Pädagogen und Psychologen geteilt.

Daraus ergibt sich, daß die psychotherapeutische Behandlung eines Kindes oder Jugendlichen in vielen Fällen erfolglos bleiben muß, wenn sich nicht die Einstellung der Erziehungsperson grundlegend ändert. Man denkt dabei übrigens meist an die Mütter und an die Notwendigkeit, bei ihnen eine Änderung der Grundhaltung zu erreichen; ich vermute, daß

die Väter ebensooft zur Fehlentwicklung eines Kindes beitragen wie die Mütter und deshalb der Beratung und eventuellen Behandlung ebenso bedürfen wie diese.
Aus dem Gesagten ergibt sich aber auch die Bedeutung einer *prophylaktischen Elternarbeit.* Es kommt darauf an, schon durch eine rechtzeitige pädagogische Bildung der Eltern zu verhindern, daß allzu schwere Erziehungsfehler – oft nur durch Unkenntnis – gemacht werden. Bereits an den Fortbildungsschulen und höheren Klassen der Oberschulen sollte eine Art psychohygienischer Unterricht gegeben werden. Dabei ist etwa an immer wieder gemachte Fehler der Eltern bei der *Reinlichkeitserziehung* zu denken oder bei dem Versuch, den Eifersuchtserscheinungen des älteren bei der Geburt eines weiteren Kindes erzieherisch richtig zu begegnen. Auch Fragen der Sexualerziehung sollten bei diesem psychohygienischen Unterricht besprochen werden.
Man müßte mit jungen Menschen über solche Erziehungsprobleme reden, schon bevor sie selbst Kinder haben. Sicher würden sie mit größtem Interesse diesem Unterricht folgen, wenn er in richtiger Weise durchgeführt wird.

2

Wir haben die therapeutische Arbeit als eine der wesentlichsten Aufgaben der heutigen Erziehungsberatungsstellen bezeichnet. Wie sieht nun diese Arbeit aus? Es ist schwer, darauf eine eindeutige Antwort zu geben. Die Methoden, die angewandt werden, reichen von rein erzieherischen Maßnahmen auf der einen Seite bis zu den psychoanalytischen Therapien auf der anderen. Zeitlich gesehen handelt es sich um wenige Stunden der Klärung und Beratung über eine länger dauernde Betreuung, kurztherapeutische Methoden, wie etwa die Spieltherapie bei Kindern, die Aggressionstherapie, heilpädagogische Maßnahmen, wie die Behandlung der Schreib-Lese-Schwäche, bis hin zu monate- oder jahrelangen analytischen Psychotherapien, wie sie schon FREUD, JUNG und SCHULTZ-HENCKE durchgeführt haben. Bei den letzteren wird jetzt versucht, zu zeitlichen Verkürzungen der *Therapien* zu gelangen[1].

Eine Form der Kurztherapie ist die Methode der »*client-centered therapy*«, der klientenzentrierten Gesprächsführung von Carl R. ROGERS, um deren Verbreitung in der Bundesrepublik sich besonders R. TAUSCH verdient gemacht hat[2].

Diese Methode beruht auf der Annahme, daß bei der Behandlung die ruhenden seelischen Kräfte im Klienten[3] mobilisiert werden. Er soll in die Lage versetzt werden, seine Probleme selbst zu lösen. Der Therapeut geht dabei »nicht-direktiv« vor, d.h., er läßt den Klienten über seine Gefühle sprechen und ermöglicht ihm dadurch, sich selbst und im Laufe der Behandlung auch sein Problem besser zu verstehen. Dabei erfährt er nicht notwendigerweise – wie in der Psychoanalyse – den Ursprung seiner Schwierigkeiten.

Es gibt aber noch viele andere Methoden der Behandlung seelischer Störungen. In einem Buch von Benjamin B. WOLMAN[4] werden supportive, d.h. unterstützende, von den rekonstruktiven, d.h. wiederherstellenden, Verfahren unterschieden. Bei den unterstützenden Verfahren wird nur eine Erleichterung der akuten Schwierigkeiten des Klienten beabsichtigt, bei den wiederherstellenden dagegen eine völlige Umstrukturierung der Persönlichkeit angestrebt. Bei den unterstützenden Therapien unterscheidet WOLMAN 27, bei den

[1] A. 12. – [2] L. 125. – [3] Wir sprechen bei Menschen, die beim Psychologen Rat und Hilfe suchen, von Klienten. – [4] L. 135.

wiederherstellenden Therapien 38 verschiedene Verfahrensweisen. Zwischen den unterstützenden und den wiederherstellenden Verfahren bestehen zum Teil nur graduelle und keine wesentlichen Unterschiede. Man könnte grob auch zwischen den psychotherapeutischen Verfahren, vor allem der Psychoanalyse, und den mehr pädagogischen Verfahren, wie der Beratung oder der Betreuung, unterscheiden.

In der *Gruppenarbeit* gilt wieder das gleiche: Von der pädagogischen Gruppenarbeit mit sachlichen Aufgaben und Themen, wie den Diskussions-, Werk- und Sportgruppen u.ä., geht eine Linie bis zu der analytischen *Gruppentherapie*[1] der verschiedenen Richtungen.

Hier handelt es sich um jede Form von Therapie, bei der mehrere Personen gleichzeitig behandelt werden. Sie bietet den Vorteil, daß der menschlich oft isolierte Klient während der Behandlung in Kontakt zum anderen Menschen gebracht wird und erlebt, daß andere die gleichen Sorgen und Schwierigkeiten haben wie er selbst. Dabei hat sich bei bestimmten Klienten die Behandlung in der Gruppe als wirkungsvoller erwiesen als die Einzelbehandlung. Gelegentlich wird auch eine Kombination von Einzel- und Gruppenbehandlung angewandt.

Die einzelnen Therapiemethoden können hier nicht beschrieben werden; es soll nur auf eine kürzlich erschienene, gut orientierende Veröffentlichung von Joseph D. MATARAZZO[2] hingewiesen werden. Er referiert eine Fülle von experimentellen Untersuchungen, die in der ganzen Welt, zum größten Teil jedoch in den USA gemacht worden sind. Aus seiner Arbeit geht hervor, daß immer mehr theoretische und praktische Folgerungen aus der *Lernpsychologie* gezogen werden und daß die Lehre von FREUD in den USA so weit in

[1] vgl. Samuel R. SLAWSON, L. 115. – [2] L. 85.

die allgemeine Psychologie und Medizin eingegangen ist, daß sie zum Teil als Selbstverständlichkeit angesehen und gar nicht mehr besonders erwähnt wird.
Aus dem Bericht von MATARAZZO geht auch hervor, daß die so unterschiedlichen therapeutischen Methoden interessanterweise fast alle mehr oder weniger zu Heilerfolgen führen. Mit Recht wird die Frage aufgeworfen, ob diese Erfolge möglicherweise weniger der jeweiligen Methode zuzuschreiben sind als vielmehr weitgehend der persönlichen Anteilnahme des Therapeuten und dem Gefühl des Ernstgenommenwerdens, das der Klient erfährt.
Weitere Probleme und experimentelle Untersuchungen – deren Resultate sich übrigens oft widersprechen – werden referiert und lassen den Wunsch immer stärker werden, daß auch bei uns weit mehr zuverlässige wissenschaftliche Untersuchungen ermöglicht und durchgeführt werden.
Einer sehr genauen Untersuchung bedarf vor allem das Problem, welche Form der Therapie jeweils bei bestimmten seelischen Erkrankungen erfolgversprechend erscheint.

3

Um die *Arbeit in einer Erziehungsberatungsstelle* zu verdeutlichen, soll im folgenden die Untersuchung von Werner W., die Beratung seiner Eltern und seine Behandlung als Beispiel dargestellt werden[1].

[1] Alle Namen und Angaben sind so verändert worden, daß die Anonymität der betreffenden Personen gewahrt bleibt. Darüber hinaus haben sich die Eltern mit einer Veröffentlichung einverstanden erklärt. – Es handelt sich um einen Fall, der in der vom Verfasser geleiteten Beratungsstelle des Psychologischen Instituts der Universität Hamburg bearbeitet wurde.

Werner ist der Störenfried der dritten Klasse einer Volksschule. Er zankt und prügelt sich mit Kameraden, schlägt auch Mädchen heftig, wenn er sich angegriffen fühlt, und ist überall dabei, wenn etwas ausgeheckt wird.
In der Schule stört Werner den Unterricht durch sein undiszipliniertes, vorlautes Betragen. Seine Schulleistungen sind mittelmäßig, er hat besondere Schwierigkeiten im Schreiben und Lesen.
Zu Hause lehnt er sich gegen die elterliche Autorität auf und streitet sich vor allem heftig und häufig mit dem um zwei Jahre älteren Bruder. Wo Werner auftaucht, gibt es Zank und Ärger.
Der neunjährige Werner macht bei seinem ersten Besuch in der Erziehungsberatungsstelle einen frischen, aufgeweckten Eindruck. Er ist freundlich, aufgeschlossen, wenn auch zunächst noch zurückhaltend der fremden Situation gegenüber. In seiner körperlichen Entwicklung wirkt er wie ein kräftiger Elfjähriger: er ist groß, stämmig und dabei etwas rundlich.

1. Ein ausführliches *Gespräch der Sozialarbeiterin mit beiden Eltern* erbrachte Informationen über die familiäre Situation, über die körperliche und seelische Entwicklung des Jungen, über seine Beziehungen zu den Familienmitgliedern, Lehrern und Kameraden. Dem Bericht der Sozialarbeiterin entnehmen wir folgendes:
Werner ist das zweite von fünf Kindern. Neben dem um zwei Jahre älteren Bruder Jörg – von den Eltern stets »der Große« genannt – hat Werner drei Schwestern von drei, zwei und knapp einem Jahr. Der Vater ist neununddreißig Jahre alt, Schneidermeister und führt selbständig ein eigenes Modegeschäft. Die Mutter, sechsunddreißig Jahre alt, ist gelernte Schneiderin. Die Familie W. stammt aus Berlin und kam 1960

nach Kiel. Werner war zu dieser Zeit dreieinhalb Jahre alt. Er verbrachte die ersten Wochen nach der Umsiedlung zusammen mit seiner Familie in einem Flüchtlingslager in West-Berlin, was für Werner wie für seine Geschwister als »schrecklichste Zeit« geschildert wird. Seit seiner Übersiedlung nach Kiel im gleichen Jahr gelang es Herrn W. zusammen mit seiner Frau, in relativ kurzer Zeit für sich und seine Familie eine gesicherte Existenz aufzubauen. Die schrittweise Verbesserung der Lebensverhältnisse brachte es mit sich, daß die Familie auch innerhalb Kiels mehrmals umzog. Aus diesem Grunde wechselte Werner dreimal den Kindergarten und wurde in der zweiten Volksschulklasse umgeschult. Heute bewohnt die Familie ein eigenes Reihenhaus, in dem die beiden Jungen ein gemeinsames Zimmer haben.

Jahrelang arbeitete die *Mutter* im Geschäft mit. Jetzt widmet sie sich ausschließlich dem Haus und ihren Kindern. Sie bedauert, daß ihr Mann sehr durch das Geschäft gebunden ist und selbst am Wochenende arbeiten muß. So liegt die Hauptlast der Erziehung bei der Mutter. Sie ist eine lebhafte Frau, deren Kräfte durch die häusliche Belastung sehr in Anspruch genommen werden. Frau W. leidet seit Jahren an Magenbeschwerden.

Ihr Bemühen scheint es zu sein, der Familie einen engen Zusammenhalt gegenüber der fremden und oft unfreundlichen Umwelt zu geben. So wird in der Familie einerseits darauf geachtet, daß die Kinder schon früh Anteil an allen Veränderungen und Errungenschaften der Familie haben. Es wird von ihnen andererseits erwartet, daß sie ihren Teil an Pflichten und Aufgaben übernehmen, um die Eltern zu entlasten. Es scheint, als gingen diese Pflichten notwendigerweise häufig über die Anforderungen hinaus, die sonst an Kinder gestellt werden. So übernimmt zum Beispiel Werner die Pflege der Mutter während ihrer Magenerkrankungen und hat bereits im Alter von sieben Jahren die neugeborene Schwester selbständig versorgt. Diese Erziehungsgestaltung, wie sie die Mutter durch Aufteilen von Rechten und Pflichten anstrebt, scheint vom Vater voll unterstützt zu werden.

Zu Werners Entwicklung: Werner wird als ruhiges Baby geschildert, dessen Geburt unauffällig verlaufen ist. Er ist in seiner gesamten frühkindlichen Entwicklung etwas hinter dem oft zum Vergleich herangezogenen älteren Bruder zurückgeblieben. Sprechen und Laufen hat Werner erst mit zwei Jahren gelernt, auch ist er erst in dieser Zeit sauber geworden. In die Spielgemeinschaft der Nachbarskinder hat er sich in den ersten Lebensjahren gut eingefügt. Schwierigkeiten im Umgang mit anderen Kindern gab es erst, als er aus der gewohnten Umgebung herausgerissen wurde. In den verschiedenen Kindergärten und schließlich auch in der Volksschule hat er immer außerhalb der Kindergemeinschaft gestanden und ist wegen seiner roten Haare und seines starken Berliner Dialekts oft das Ziel von Spott und Angriffen gewesen.

Eingeschult wurde Werner mit sieben Jahren. Er wechselte in der zweiten Klasse in die jetzige Schule über.

Die Eltern sind mit den durchschnittlichen Leistungen des Jungen nicht ganz zufrieden. Sie halten ihn dazu an, sich mehr Mühe zu geben und bessere Zensuren als ausreichende nach Haus zu bringen.

Das *Wesen ihres Sohnes* schildern die Eltern so: Er sei ein lieber Kerl, hilfreich und mitleidig. Er setze sich für Menschen ein, die er gern habe, und sei für diese zu Opfern bereit. Seine besonderen Begabungen und Interessen lägen auf praktischem Gebiet; er sei technisch und handwerklich geschickt und solle, bei entsprechender Neigung, das Geschäft des Vaters einmal

übernehmen. Für Sport interessiere er sich sehr; er sei ein begeisterter Fußballspieler und Schwimmer. Auffällig und besonders lästig für die Mutter sei seine große Liederlichkeit und Unordnung; er räume ungern auf, vernachlässige seine Kleidung und lege auf Sauberkeit keinen Wert.
Er sei schnell gereizt und jähzornig. Dann sei es ihm gleich, welche Folgen sein Verhalten habe. Seine Klassenkameraden, die seine Reizbarkeit und Streitlust kennen, würden ihn häufig bei Streitigkeiten vorschieben und provozieren, so daß er als der Schuldige dastehe. Seine Auseinandersetzungen mit Kameraden finden die Eltern nicht beunruhigend, auch wenn Werner dabei den kürzeren zieht. Ein Junge muß sich durchsetzen und behaupten, und Werner müsse lernen, sich seine Position in der Klasse zu erkämpfen. Sie sind dagegen ratlos, wie sie seinen Drang, sich auszutoben, in vernünftigen Grenzen halten können.
Die Eltern versuchen, für Werners Verhalten Verständnis aufzubringen und ihn zur Einsicht zu bringen, ohne zu harten Strafen zu greifen. Als wirksamstes Erziehungsmittel gegen grobe Ungezogenheiten gilt der Entzug von besonderen Speisen, denn der Entzug von Eßbarem treffe ihn besonders hart.
Der Rivalität mit dem älteren Bruder versuchen die Eltern dadurch zu begegnen, daß sie beiden, die körperlich gleich stark entwickelt sind, gleiche Aufmerksamkeit zuwenden. Der »Große« sei aber doch in vielen Dingen vernünftiger, tüchtiger und umgänglicher als Werner.

2. Aus dem *Bericht des Arztes* geht hervor, daß es sich bei Werner um einen für sein Alter zu großen, rothaarigen Jungen mit vergrößertem Kopfumfang handelt. Bei der Untersuchung der inneren Organe und der neurologischen Un-

tersuchung ergab sich kein krankhafter Befund. Eine *hirnorganische Schädigung* ließ sich nicht feststellen[1].

3. Die *psychologische Untersuchung* zeigt folgendes Resultat: Werner ist ein aufgeweckter, fröhlicher Junge, der sich in der Untersuchungssituation offen und unbekümmert verhält. Er erzählt viel und spontan. Dabei wirkt er unkonzentriert und unruhig und ist weder an Dinge noch an Menschen zu fixieren. Die intellektuellen Leistungen des Jungen wurden an Hand eines Intelligenztests für Kinder geprüft. Sie fallen in den Bereich der hohen Intelligenz. Werners besondere Fähigkeiten liegen sowohl im theoretischen logischen Denken als auch im Bereich der praktischen Intelligenz. Er verfügt über eine gute Beobachtungsgabe und kann eine gestellte Aufgabe schnell und präzise ausführen. Dagegen fallen seine mangelnde Ausdauer, Ablenkbarkeit und große motorische Unruhe auf. Besonders geringe Leistungen zeigt Werner bei Aufgaben, die schulähnlichen Charakter tragen. Hier reagiert er unlustig, abwehrend und versucht wiederholt auszubrechen. Je stärker der Leistungsdruck und je höher die An-

[1] In diesem Falle handelt es sich um einen körperlich gesunden Knaben, und die medizinische Untersuchung bringt nichts Besonderes zutage. Es geschieht aber immer wieder, daß der Arzt auf Entwicklungsschäden oder auf körperliche Mängel aufmerksam macht, die den anderen Teammitgliedern nicht erkennbar sind. Sie müssen aber notwendigerweise bekannt sein, wenn ein Persönlichkeitsbild aufgestellt wird und wenn die Beratungsvorschläge und die Beratung der Eltern besprochen werden. Verschiedentlich zieht der Psychologe den Arzt hinzu oder der Arzt den Psychologen, wenn von einer Seite auf Grund der psychologischen oder der medizinischen Untersuchung eine hirnorganische Erkrankung vermutet wird. – In vielen Beratungsstellen wird grundsätzlich jedes Kind und jeder Jugendliche ärztlich untersucht.

forderungen werden, um so größer wird seine Unruhe, um so niedriger werden die erzielten Ergebnisse.
Auf Grund verschiedener Hinweise aus dem Verhalten des Jungen wie aus den Testergebnissen wurde die Frage nach einer möglichen hirnorganischen Störung gestellt und überprüft. Es ergaben sich jedoch ebenso wie in der medizinischen Untersuchung keine Anzeichen einer solchen organisch bedingten Beeinträchtigung der Leistungs- und Konzentrationsfähigkeit. Die Ursache der Verhaltensauffälligkeiten mußte also in anderen Bereichen gesucht werden.
Neben einer allgemein überdurchschnittlichen Intelligenz besitzt Werner eine umfassende, für sein Alter erstaunliche Kenntnis sozialer Normen und Werte. Er weiß recht gut, wie er sich benehmen soll und was von ihm erwartet wird. Doch ist er nicht in der Lage, sich dieser Kenntnis entsprechend zu verhalten. Es scheint ihm schwerzufallen, sich in andere Menschen hineinzuversetzen. Er kann seine eigenen Verhaltensweisen mit denen seiner Mitmenschen nur schwer koordinieren. Seine eigenen Antriebe sind zu intensiv, als daß er sie kontrollieren könnte; er neigt dazu, ihnen spontan nachzugeben. Wenn er durch dieses Verhalten mit seiner Umwelt aneinandergerät, wird er reizbar und aggressiv. Dadurch fordert er immer heftigere Ablehnung heraus.
In den Persönlichkeitstests zeigt sich erstaunlicherweise, daß er trotz seiner Aggressivität eher dazu neigt, sich passiv zu verhalten, als sich zu verteidigen oder auseinanderzusetzen, wenn er übergangen, benachteiligt oder herausgefordert wird.
Er empfindet ein Hindernis zwar sehr stark, ist aber nicht in der Lage oder bereit, zu dessen Beseitigung von sich aus konstruktiv beizutragen. Vielmehr leugnet er in aggressiver Weise die eigene Schuld an dessen Zustandekommen und bleibt dort, wo sein Versagen für ihn offenkundig ist, eine

Antwort schuldig. Werner verhält sich auf diese Weise zwar nicht aggressiver als die meisten seiner Altersgenossen, doch fällt die Richtung seiner aggressiven Äußerungen auf: Gegenüber Erwachsenen ist er stets bereit einzulenken und nachzugeben oder sich in sein Schicksal zu ergeben. Dagegen wird er feindselig, wenn es um die Auseinandersetzung mit Gleichaltrigen oder Jüngeren geht.

Hierbei spielt die körperliche Funktionstüchtigkeit eine wichtige Rolle. Um diesen körperlichen Bereich – die Tüchtigkeit und Verletzbarkeit seines eigenen Körpers – kreisen seine Gedanken, Befürchtungen und Ängste. Werner empfindet seine Muskelkraft, seine Gesundheit und körperliche Intaktheit als wesentliche Voraussetzung für die Festigung seiner Rolle innerhalb der Familie und der Kameradengruppe. Besonders die Rivalität mit dem älteren Bruder und der Kampf um die Position in der Klasse wird auf dem Gebiet der körperlichen Auseinandersetzung ausgetragen. Hier hat sich Werner durchgesetzt, hier muß er sich weiter behaupten. Wenn dieser Bereich bedroht wird, wird die Existenz des Jungen bedroht. Von dieser Vorstellung scheint Werner so besessen zu sein, daß er überall eine Bedrohung vermutet. Er reagiert darauf mit unbestimmter Angst und erhöhter Aggressivität.

Von seiten seiner Familie erfährt Werner die Unterstützung seines Bedürfnisses, sich durchzusetzen. Er identifiziert sich hier stark mit dem Vater, der für ihn das Ideal des Männlichen ist.

Es ist zu vermuten, daß Werner als Kleinkind keine adäquate Befriedigung seiner gefühlsmäßigen Bedürfnisse erfahren hat. Seine Wünsche nach liebevoller Zuwendung scheinen – vor allem von seiten der Mutter – nicht in ausreichendem Maß erfüllt worden zu sein. Es finden sich wiederholt Anzeichen einer gestörten emotionalen Beziehung zur Mutter. Werner fühlt sich zwar zu ihr hingezogen, doch nimmt er sie hauptsächlich als den strafenden, fordernden Menschen wahr, der seinen Wünschen entgegensteht.

Zusammenfassendes Persönlichkeitsbild

So entsteht im ganzen das Bild eines überdurchschnittlich intelligenten Jungen, der in seinen gefühlsmäßigen Beziehungen zur Umwelt stark verunsichert ist. Die deutliche Leistungsabwehr des Jungen sowie die mangelnde Ausdauer, Unruhe und Ablenkbarkeit beeinträchtigen seine Leistungen so stark, daß er im Augenblick weder in der Schule noch zu Hause seine ursprünglichen Fähigkeiten voll ausschöpfen kann. Werner fühlt sich durch die hohen Erwartungen in Schule und Familie überfordert und eingeengt. Er versucht, diesem Druck auszuweichen und wird dabei albern, laut und vor allem aggressiv. In seiner Auseinandersetzung mit der Umwelt, die von Anfang an durch Machtkämpfe mit der oft wechselnden Umgebung bestimmt war, stellt für Werner die eigene Stärke eine wichtige Tatsache dar. Er sieht in ihr nicht nur ein Mittel zur Kontaktaufnahme, sondern gleichzeitig eine Möglichkeit, Sicherheit über die eigene Rolle und die Zuwendung seiner Eltern zu gewinnen. Es scheint nämlich, als sei das heute als »unverträglich« beklagte Verhalten Werners von den Eltern zunächst belohnt worden, indem sie gelegentlich zu ihm sagten: »Ein Junge heult nicht; schlag wieder und wehre Dich, wenn Dich jemand schlägt.«

Psychogenese

Auf Grund der Ergebnisse der drei vorliegenden Berichte vom Sozialarbeiter, Arzt und Psychologen können nun folgende Überlegungen zur möglichen *Entstehung der Verhaltensauffälligkeiten* und Schwierigkeiten des Jungen angestellt werden:

Werner reagiert auf die erlebte Unsicherheit, indem er sich betont männlich, aggressiv gibt. In seiner Reaktion neigt er dazu, die Dinge zu übertreiben, und er wird in allem unmäßig. Er nimmt sich auf übersteigert »männliche« Weise, was er anders nicht zu fordern gewohnt ist: nämlich die liebevoll bestätigende Zuwendung seiner Umwelt. Aus dem Sozialbericht sind zwar Anhaltspunkte für eine fürsorgliche Haltung der Mutter dem Kleinen gegenüber bekannt, doch scheint folgende Überlegung möglich: Hinter dem Verhalten von Frau W. während der ersten Lebensjahre Werners mag sowohl große Fürsorglichkeit als auch mangelnde Hingabe gestanden haben, die durch die familiären Bedingungen, durch die gesundheitliche und arbeitsmäßige Überlastung der Mutter verursacht gewesen sein kann. Damit verbunden scheint eine möglicherweise stark einengende Erziehungshaltung und eine ausgeprägte Leistungsanforderung an die Kinder, speziell an Werner, gewesen zu sein.

Die äußere Situation, das wiederholte Herausgerissenwerden aus der gewohnten Umgebung, mag an Werner hohe Ansprüche gestellt haben. Die Haltung der Mutter, so wie er sie erlebt hat, hat möglicherweise nicht dazu beigetragen, ihm den nötigen Ausgleich an liebevoller Zuwendung, das Gefühl des Geborgenseins zu geben. Die Folge ist eine tiefe Beunruhigung des Kindes, das seinen eigenen Impulsen hilflos gegenübersteht. Werner reagiert zur Zeit hauptsächlich mit aggressiver Abwehr, wodurch er andere Menschen abstößt und sich selbst immer mehr isoliert. Die daraus entstehenden Gefühle des Ausgeschlossenseins, des Alleinseins und der Angst verstärken aber nur seine eigenen feindseligen

Gefühle, so daß er sich in einem »Teufelskreis« befindet, aus dem er sich ohne Hilfe allein nicht zu befreien vermag.
Es fand nun ein ausführliches Gespräch mit beiden Eltern statt, in dem die Beratungsvorschläge erörtert wurden.

Beratungsvorschläge:

1. Werner soll zunächst in eine Einzelbehandlung genommen werden, die als Aggressionstherapie bezeichnet werden kann. Er soll seine Aggressionen ungestört abreagieren können, ohne daß dadurch seine Beziehungen zur Umwelt beeinträchtigt werden. Wenn Werner in der Lage ist, sein impulsives, ungesteuertes Verhalten zu kontrollieren, wird er zu einer befriedigenden Form der Anpassung gelangen. Erst dann können schulische Leistungen von ihm verlangt werden, die seinen tatsächlichen Fähigkeiten entsprechen und die es ihm ermöglichen sollten, eine weiterführende Schule zu besuchen.
2. Werner soll zunächst in seiner Klasse bleiben, weil er – trotz aller Schwierigkeiten – eine gewisse Beziehung zu seiner Lehrerin und zu seinen Kameraden hat und eine erneute Umschulung wieder sein aggressives Verhalten verstärken würde.
3. Der Leistungsdruck in der Schule und zu Hause sollte vermindert werden. Werner ist im Augenblick nicht in der Lage, die an ihn gestellten Anforderungen hinsichtlich Schule, Ordnung, Sauberkeit und häusliche Pflichten zu erfüllen.
4. Um den dauernden Streitigkeiten mit dem älteren Bruder zu entgehen, sollten die beiden Brüder zunächst getrennte Zimmer bewohnen.

Behandlung:

Im Verlauf der Behandlung zeigte sich bei Werner bald eine Besserung. Der Psychologe hatte ihm in mehreren Sitzungen alle aggressiven Handlungen erlaubt, die ihm nur in den Sinn kamen. Ohne daß der Therapeut Stellung zu den Handlungen Werners nahm – er griff weder lobend noch tadelnd ein –, konnte Werner sich austoben: Er durfte Gegenstände im Zimmer herumwerfen, er durfte die Wände mit Farbe bemalen, soviel er wollte, und den Therapeuten mit allen Schimpfworten belegen, die ihm einfielen. Bald waren die aggressiven Impulse so weit steuerbar, daß Werner in der Lage war, sich Aufgaben zu widmen, die eine länger andauernde und konzentriertere Arbeit erfordern. Wichtig dabei war, daß Werner sich diese Aufgaben selbst aussuchen durfte.

Prognose:
Die Prognose für Werner ist gut. Es ist zu hoffen, daß bei Fortdauer der speziellen Behandlung durch den Psychologen sich die augenblicklichen Schwierigkeiten, die die Eltern veranlaßt haben, sich an unsere Erziehungsberatungsstelle zu wenden, beheben lassen werden.

Wir müssen der Darstellung des Falles Werner allerdings hinzufügen, daß es sich oft in der Erziehungsberatungsstelle um viel kompliziertere Fälle handelt und daß wir es häufig mit weit stärker gestörten Kindern zu tun haben.
Es muß weiterhin betont werden, daß leider allzuoft eine als richtig erkannte Behandlung aus verschiedenen Gründen nicht durchgeführt werden kann, etwa weil die Eltern uneinsichtig sind oder die Wohnungsverhältnisse irgendwelche Veränderungen nicht zulassen oder weil eine angezeigte spezielle Behandlung wegen des Mangels an guten Therapeuten oder wegen finanzieller Schwierigkeiten nicht durchführbar ist.

VIII Methoden der Psychologie

Die gebräuchlichsten psychologischen Methoden sind die Beobachtung, die Befragung, die Ausdrucksdeutung, das Experiment und der Test[1]. Hinzu kommen als Hilfsmittel der empirischen und naturwissenschaftlichen Methoden die psychologische Messung und die Statistik.

1

Die *Beobachtung* ist eine der Methoden, ohne welche die Psychologie kaum denkbar ist. Im Gegensatz zur mehr zufälligen Beobachtung des Laien ist die des Wissenschaftlers die systematische, bewußte, sorgfältige und aufmerksame Wahrnehmung eines Ausdrucks, einer Handlung oder eines Vorganges. Dabei werden die beobachteten Phänomene nach vorher festgelegten Fragestellungen überprüft. Die Situation, in der gearbeitet wird, muß an Hand schriftlich fixierter Feststellungen genau nachvollziehbar sein.

Auch die wissenschaftliche Beobachtung hat trotz der Festlegung der Situation einige Fehlerquellen, die man zu kontrollieren versuchen muß. Auf eine wesentliche Fehlerquelle sei hier hingewiesen: Die Verschränkung von *Beobachtung und Deutung*. Der Psychologe muß die beobachteten Phänomene und ihre Deutung streng unterscheiden und dabei sehr genau auf die sprachliche Formulierung achten. Ein Beobachter in einem kinderpsychologischen Experiment, der sich streitende Geschwister betrachtet, darf dabei auf keinen Fall registrieren, daß der Junge streitsüchtig ist, wenn er nur beobachten konnte, daß der Junge wiederholt versuchte,

[1] A. 20.

seine Schwester anzugreifen und sie mit der Hand schlagen wollte. Ein weiterer *Beobachtungsfehler* kann eine falsche Auswahl aus der Fülle der beobachteten Phänomene sein. Man versucht, durch eine Zeitstichprobentechnik diesen Fehler zu kontrollieren. Dabei werden nach einem vorher aufgestellten Programm nur zu ganz bestimmten Zeitpunkten, etwa alle fünf Minuten, die Beobachtungen angestellt. Um den Einfluß bewußter und unbewußter Einstellungen des Beobachters so gering wie möglich zu halten, werden oft vorformulierte Kategorien in einem Beobachtungsschema benutzt. Selbstverständlich dürfen dabei keine offensichtlich befangenen Beobachter herangezogen werden, denn einseitige Erziehung, spezifischer Arbeitsstil und eigene Einstellung zum Problem können die Ergebnisse einer solchen Untersuchung erheblich beeinflussen.
Bei der Beobachtung einer Gruppe im Feld- oder Laboratoriumsversuch ist die Beziehung zwischen dem Beobachter und den Gruppenmitgliedern besonders wichtig. In einer Gruppendiskussion, in der z. B. die Entstehung einer Führerschaft in der Gruppe festgestellt werden soll, darf der Beobachter natürlich nicht Partei sein. Der Beobachter muß als neutraler Registrator auftreten und sollte dabei allen Beteiligten bekannt sein. Selbstverständlich hängt auch von der Art der Anweisung für die Gruppenmitglieder und von ihrer Einführung in die Untersuchungssituation das Untersuchungsergebnis entscheidend ab.
Um diese Schwierigkeit auszuschalten, kann man z. B. den Weg einer *verdeckten Beobachtung* wählen, d. h., daß etwa ein Psychologe in einer Gruppe mitarbeitet und seine Identität nicht zu erkennen gibt.
Eine andere Möglichkeit ist die Beobachtung durch ein sogenanntes *Einwegfenster*. Durch eine nur in *einer* Richtung

durchsichtige Spiegelscheibe *(one-way-window)* kann dabei ein Psychologe eine Versuchsperson (z.B. ein spielendes Kind) beobachten, ohne daß er selbst gesehen werden kann und ohne daß das spielende Kind gestört wird (vgl. A 13).
Eine weitere Art der Beobachtung ist die *Selbstbeobachtung*. Sie wurde unter dem Namen *Introspektion* von Oswald KÜLPE ausgebaut, um Probleme des Denkens und Wollens zu untersuchen. Z. B. mußten die Versuchspersonen eine Denkaufgabe lösen und anschließend alle Erlebnisse beschreiben, die sich beim Lösen der Aufgabe einstellten. Diese Methode wird heute nicht mehr so häufig angewendet, weil sie besonders offen für letztlich unkontrollierbare Fehlerquellen ist.

2

Andere Methoden, um fremdseelische Zustände zu erkennen, sind die verschiedenen Formen der *Befragung*. Es handelt sich dabei um objektive wissenschaftliche Methoden, die jedoch zum Teil noch weitgehend von der subjektiven Fähigkeit des Psychologen zur sachgerechten Gesprächsführung abhängig sind. Er muß einerseits versuchen, das Vertrauen seines Klienten zu gewinnen, andererseits darf die persönliche Beziehung nicht so stark werden, daß der Befragte statt seiner eigenen Gedanken vor allem das ausspricht, was der Psychologe hören möchte. Wenn man diese Gefahr nicht vermeidet, verliert die Methode ihren wissenschaftlichen Wert.
Zur Befragung gehören das Interview und die Exploration. Wir verstehen unter *Interview* ein Gespräch, in dem Tatsachen und Meinungen erfragt werden. Es dient vor allem der *Meinungsforschung*. In der *Marktforschung* wird gelegentlich auch das sogenannte Tiefeninterview angewandt, durch das – außer

den bewußten Meinungen der Verbraucher – auch das irrationale Produktbild, das Markenimage, erfaßt werden soll. Der Interviewer stellt dabei oft auch Fragen, die sich nur indirekt auf das angesprochene Thema beziehen. Gelegentlich werden dazu auch Methoden der psychoanalytischen Gesprächsführung benutzt.

Die *Exploration*, ein vertieftes psychologisches Gespräch, wird in der psychiatrischen Praxis schon lange angewandt. Es geht dabei vor allem um die Lebenssituation des Klienten, besonders um seine Schwierigkeiten. Man sucht nach Möglichkeiten für eine Besserung seiner seelischen Lage. Handelt es sich um Schwierigkeiten von Kindern, so wird die Exploration oft mit den Eltern durchgeführt, weil die *Anamnese*, die Vorgeschichte des Kindes, besonders wichtig ist, um es richtig zu verstehen.

Auf diese Weise lassen sich Schlüsse auf die *Psychogenese*, die Entstehung seelischer Schwierigkeiten, ziehen. Beispielsweise können Tatsachen wie die uneheliche Geburt eines Kindes, der lange Aufenthalt in einem Heim mit Trennung von der Mutter oder Eheschwierigkeiten der Eltern Ursachen der Fehlentwicklung des Kindes sein.

Das *tiefenpsychologische Gespräch* beschäftigt sich mit den oft unbewußten Motivationen des Klienten, die einer bestimmten Verhaltensweise zugrunde liegen. Es dient der Klärung des Persönlichkeitsbildes und der Psychogenese, vor allem aber der Psychotherapie. Ein psychologisches Gespräch dieser Art geschieht auf der Grundlage der psychoanalytischen Theorie und sollte nur von tiefenpsychologisch ausgebildeten Psychologen durchgeführt werden.

Eine objektive und verkürzte Form der psychologischen Befragung kann ein Fragebogen sein, bei dem die Fragen dem Probanden schriftlich vorgelegt werden. Mit einem solchen Fragebogen können vor allem Einstellungen, Meinungen, Interessen und Wunschvorstellungen untersucht werden. Mit dem ersten psychologischen Fragebogen versuchte Robert S. WOODWORTH 1917 in den USA eine Voreinteilung der eingezogenen Soldaten im Hinblick auf ihre voraussichtliche Bewährung im Dienst zu ermöglichen.

Die einzelnen Fragen oder Aufgaben können mit »Ja«, mit »Nein« oder mit einer mehrstufigen Skala zwischen diesen beiden Polen beantwortet werden. Oder die Antworten werden so vorgegeben, daß unter mehreren Antworten nur noch die richtige Antwort angestrichen werden muß (das sogenannte Mehrfachwahlprinzip).

Die Fragebogenmethode hat Grenzen, die beachtet werden müssen: Manche Fragen werden unter Umständen überhaupt nicht oder ganz anders verstanden, als der Verfasser des Fragebogens sie gemeint hat. Vor allem jedoch können die Antworten bewußt oder unbewußt gefälscht sein. Auf die Frage, was er verdient, wird mancher vielleicht keine genaue Antwort geben, weil das besonders niedrige Gehalt seinen geringen sozialen Status widerspiegeln könnte. Oder aber er kreuzt viele Fragen mit »Ja« an, weil er überhaupt die Tendenz hat, zu allem ja zu sagen; jedoch denkt er tatsächlich ganz anders. Bei vielen Befragten, besonders bei Jugendlichen, kommt noch hinzu, daß sie sich selbst nicht genau kennen und sich zu verschiedenen Zeiten ganz unterschiedlich erleben und beurteilen. Es gibt Möglichkeiten, diese Verfälschungstendenzen durch Kontrollskalen auszugleichen. Diese »Lügenskalen« haben sich jedoch nur bedingt bewährt.

3

Als *Ausdrucksdeutung* bezeichnen wir alle Verfahren, die auf mittelbarem Wege durch Feststellung bestimmter körperlicher Begleiterscheinungen auch die zugrunde liegenden seelischen Vorgänge, insbesondere die Gefühle, aufdecken wollen. Es werden dabei erfaßt die Bewegungsabläufe im Gesicht, also die Mimik, die Ausdrucksweise der Hände, die Gestik, und die Bewegungen des übrigen Körpers, etwa des Ganges, also die Pantomimik.

Im ersten Kapitel ist schon darauf hingewiesen worden, daß die populäre Menschenkunde ihre Kenntnisse weitgehend aus der Beobachtung und Deutung von Ausdrucksphänomenen gewinnt. Aber auch Maler, Bildhauer und Schriftsteller haben immer mit dieser Ausdruckspsychologie gearbeitet. Wenn etwa Dostojewskij in den »Brüdern Karamasow« oder Jakob Wassermann im »Etzel Andergast« mit großer Eindringlichkeit ihre Figuren zeichnen oder – um ein modernes Beispiel zu nennen – Willy Kramp in »Brüder und Knechte[1]« das Verhalten der Kriegsgefangenen in Rußland sehr eindrucksvoll schildert, handelt es sich im wesentlichen um eine Beschreibung und Deutung von Ausdrucksphänomenen.

Auch der Psychologe arbeitet im täglichen Leben mit der Deutung von Ausdrucksphänomenen. Er ist sich jedoch der Tatsache bewußt, daß wegen der Kompliziertheit der Phänomene ein wissenschaftlich fundierter Nachweis der diagnostischen Gültigkeit heute noch nicht möglich ist. Weitere wissenschaftliche Arbeiten zur Ausdruckspsychologie mit objektiven quantitativen Methoden wären deshalb sehr wünschenswert.

Ein Teilgebiet der Ausdruckspsychologie ist die *Graphologie*,

[1] L. 71.

die Schriftdeutung, die besonders vom Laien oft fälschlich als eine der wichtigsten diagnostischen Methoden angesehen wird. Viele Firmen beschäftigen Graphologen, weil sie glauben, durch die Schriftdeutung ein zuverlässiges Charakterbild eines Bewerbers oder Angestellten erhalten zu können. Zwar weiß man, daß Schreibbewegungen bei jedem Menschen verschieden verlaufen. Aber es gibt noch keine Möglichkeit, genau festzustellen, was vom Wesen des Menschen sich darin ausdrückt und wie man es wissenschaftlich faßbar machen kann.

Die Schriftdeutung ist heute in der Psychologie eine heiß umstrittene Methode. Sie findet Anerkennung auf der einen Seite und Ablehnung auf der anderen. Die Ablehnung wird oft damit begründet, daß die Resultate der Graphologie mit wissenschaftlich einwandfreien Methoden nicht nachprüfbar seien. Dazwischen steht eine Gruppe, die die Schriftdeutung als eine zwar bedeutsame, aber noch entwicklungsbedürftige diagnostische Methode wertet[1]. In den letzten Jahren sind eine Reihe experimenteller Untersuchungen durchgeführt worden, um einwandfreie und nachprüfbare Resultate zu erreichen[2]. Auf diesem Wege könnte man später zu einer wissenschaftlich begründeten Schriftdeutung gelangen.

Auch wenn die Graphologie ihre Aussagen objektiviert hat, sollte man sie nur im Zusammenhang mit anderen diagnostischen Methoden anwenden. Um ein zuverlässiges Persönlichkeitsbild erstellen zu können, wird auch sonst *nur ein* diagnostisches Mittel, z. B. ein einziger Test, nicht als ausreichend anerkannt.

[1] Robert HEISS, L. 51. – [2] A. 14.

4

Das Experiment[1] oder der Versuch ist nicht nur eine der wichtigsten Methoden der Psychologie, sondern der Naturwissenschaften überhaupt. Man versteht darunter das absichtliche Herbeiführen eines Vorganges unter planmäßiger Abwandlung seiner Bedingungen mit dem Zweck, die Gesetzmäßigkeiten des Vorganges zu erforschen.

Das klassische Experiment in der Psychologie ist nach Wilhelm WUNDT eine Beobachtung, die sich mit der willkürlichen Einwirkung des Beobachters auf die Entstehung und den Verlauf der zu beobachtenden Erscheinungen verbindet.

Alle Experimente streben die Erfassung von Variablen, d.h. meßbaren Prüfgrößen an, die als Teilaspekte aus einem beobachteten Gegenstand herausgelöst wurden. Schon WUNDT forderte außerdem, daß die untersuchten Vorgänge variierbar und wiederholbar sein müßten. Alle Variablen müssen planmäßig erfaßbar sein und kontrolliert werden können. Im Experiment darf jeweils nur *eine* Untersuchungsvariable, auch die Wirkgröße genannt, verändert werden; die anderen Variablen müssen als Kontrollgrößen gleichgehalten werden.

Wir unterscheiden Laboratoriums- von Feldexperimenten. *Laboratoriumsexperimente* werden unter streng kontrollierten Bedingungen in der isolierten Umgebung des Laboratoriums durchgeführt.

So werden z.B. im Laboratoriumsversuch eine Versuchsgruppe und eine Kontrollgruppe in einer künstlichen Situation beobachtet. Dabei soll an der Versuchsgruppe geprüft werden, ob der veränderte experimentelle Faktor in der Versuchsgruppe tatsächlich wirksam ist und bei der Kontroll-

[1] Richard MEILI und Hubert ROHRACHER. L. 87.

gruppe nicht. Bei *Feldexperimenten* – man sollte besser von Felduntersuchungen sprechen – wird unter weniger streng kontrollierten Bedingungen ein bestimmter Versuchsplan in einer realen Situation durchgeführt. Unter besonders glücklichen Umständen kann in einem sozialen Feldexperiment diese isolierte Betrachtung einer Wirkgröße auch in einer normalen Umwelt möglich sein. Ein gutes Beispiel dafür ist der bereits erwähnte, von M. Sherif durchgeführte Versuch mit einer Gruppe von Jungen in einem Ferienlager. Es sollte die Hypothese überprüft werden, daß Trennung Antipathie, Zusammenarbeit und Kontakt dagegen Sympathie erzeugen. Die Stellungnahmen der Jungen zur anderen Gruppe in der Situation des Gegeneinander und des Miteinander wurden verglichen. Es zeigte sich, daß die Variable »Kontakt« tatsächlich im Sinne der Ausgangshypothese wirksam wurde, d. h. daß durch erhöhten Kontakt auch die Sympathie zwischen den Gruppen wuchs.
Vor der Durchführung eines Experiments wird der Forscher einen genauen *Versuchsplan* entwerfen, der ihm die Formulierung möglicher Ausgänge des Experiments in Form von Hypothesen gestattet. Im Versuchsplan werden auch die statistischen Methoden skizziert, mit denen eine rechnerische Überprüfung der Hypothesen erfolgen kann. Im Verlaufe des Experiments geht es dann in erster Linie um Bestätigung und Verwerfung der *Null-Hypothese*, d. h. der strengen Vorausannahme, daß die Wirkgröße keinen Einfluß auf die Versuchsgruppe hatte und daher kein Unterschied zur Kontrollgruppe besteht. Erst nach dem Verwerfen dieser Null-Hypothese kann die Alternativ-Hypothese, die einen Effekt der Wirkgröße postulierte, angenommen werden. Dieses umständliche Vorgehen soll zufallsbedingte Fehlerquellen dadurch beseitigen, daß ein Ergebnis nur dann als bedeutsam

angesehen wird, wenn die Unterschiede zwischen Versuchs- und Kontrollgruppe so groß sind, daß sie nicht mehr als zufällig interpretiert werden können.

Geht es in einem Experiment um die Entscheidung zwischen zwei theoretischen Positionen, so spricht man von einem Entscheidungsexperiment. Bei Erkundungsexperimenten dagegen will der Experimentator, der den Versuch durchführende Forscher, nur erfahren, was im Versuch sich ereignen kann, wenn eine relativ unbekannte Wirkgröße verändert wird. So wäre die Überprüfung der Wirkung eines neuen Medikaments auf die Leistungsfähigkeit eines Menschen ein Erkundungsexperiment.

Das Experiment wird auch als Sonderfall der systematischen Beobachtung angesehen. Die Übergänge vom Experiment zur Beobachtung sind in der Tat fließend: Unterschiede finden sich in der planmäßigen Variation der Untersuchungsbedingungen und in der künstlichen Situation im Laboratoriumsversuch. Die planmäßige Variation verringert dabei den Versuchsfehler, der bei einer systematischen Beobachtung wegen der geringeren Kontrolle der Situation größer ist.

5

Der Psychologische Test ist heute das bekannteste Instrument der wissenschaftlich und praktisch tätigen Psychologen. Bei einem Test soll eine Versuchsperson (Vp) durch eine Aufgabenstellung unter bestimmten, genormten Bedingungen zu einer Äußerung, einer Reaktion veranlaßt werden.

William STERN definierte folgendermaßen[1]:

»Ein Test ist dasjenige Prüfungsexperiment, das bestimmt ist, in einem gegebenen Fall die individuelle psychische Be-

[1] L. 123.

schaffenheit einer Persönlichkeit oder eine einzelne psychische Beschaffenheit an ihr festzustellen.« Umfassender dürfte eine Definition von Gustav A. LIENERT (geb. 1920)[1] sein: »Ein Test dient der Messung eines Verhaltensaspekts durch interindividuellen Vergleich und durch die Einordnung einer bestimmten Versuchsperson entlang einer Skala, die durch diesen interindividuellen Vergleich konstituiert wird.« In dieser zweiten Definition sind gleich zwei wesentliche Forderungen an einen Test enthalten: Erstens die Messung eines Persönlichkeitsmerkmales, und zweitens der Vergleich und die Einordnung der Leistung einer Person an Hand der Leistungen einer Vergleichsgruppe in diesem Test.

Test bedeutet Zeugnis, Beweis oder ganz allgemein Prüfung. Der Begriff wurde 1890 durch den Amerikaner McKeen CATTELL, einen Schüler Wilhelm WUNDTS, als »Mental Test« in die Psychologie eingeführt. Am bekanntesten sind die Untersuchungsmethoden der Franzosen BINET und SIMON, die 1905 ein Testverfahren zur Auslese von minderbegabten Schülern entwickelten. Dieser Test existiert auch heute noch in vielen Ländern in verschiedenen Bearbeitungen.

Die *Aufgaben des Tests* im Rahmen der Psychologie sind vielfältig. Er kann als Forschungsmittel in der Allgemeinen Psychologie zur Feststellung von Merkmalsveränderungen unter planmäßig variierten Bedingungen benutzt werden; er kann in der Differentiellen Psychologie Mittel zur Feststellung und zur Analyse von Gruppenmerkmalen sein, er kann bei Individuen und Gruppen zur Feststellung von Verlaufsprofilen dienen, die eine Registrierung z.B. der Intelligenz über verschiedene Lebensalter hinweg erlauben. Er kann auch in der Querschnittsdiagnose das Mittel sein, um die Stellung eines Einzelnen in einer Gruppe zu bestimmen, etwa um in

[1] L. 80.

einer Personalauslese den am besten geeigneten Arbeiter für einen ganz bestimmten Arbeitsplatz zu finden. Verschiedene Tests können bei ein und derselben Person zur Feststellung eines Persönlichkeitsprofils benutzt werden, indem man graphisch die Ausprägung von verschiedenen Persönlichkeitsmerkmalen nebeneinander abträgt und so auf einen Blick erfassen kann, wo besondere Stärken und Schwächen der untersuchten Person liegen.

Für einen Test gelten im Prinzip die gleichen Voraussetzungen wie für ein Experiment. Über die Brauchbarkeit eines Tests entscheiden die sogenannten *Gütekriterien*[1]: In erster Linie die Objektivität, die Zuverlässigkeit und die Gültigkeit.

Unter *Objektivität* eines Tests verstehen wir die Tatsache, daß er die gleichen Resultate bringt, auch wenn er von verschiedenen Testleitern durchgeführt wird. Das Ergebnis eines Tests darf also nicht von subjektiven Entscheidungen des Testleiters abhängen. Zur Objektivität gehört auch die genaue Anweisung an den Testleiter für die äußere Situation und für die sprachliche Anweisung. Diese Standardisierung der Testsituation und der Instruktion erhöht wesentlich die Präzision von Testergebnissen und ermöglicht eine Vergleichbarkeit von Testsituationen.

Unter *Zuverlässigkeit* eines Tests verstehen wir vor allem seine Meßgenauigkeit. Vergleichsweise sei von einer Waage gesprochen. Sie ist zuverlässig, wenn sie bei verschiedenen Messungen mit demselben Gewicht immer die gleiche Gewichtszahl anzeigt, d.h. also, daß wir nur von einem zuverlässigen Test erwarten, daß er bei wiederholten Messungen unter gleichen Bedingungen äquivalente Meßwerte erbringt. Dabei muß bei einer weiteren Messung nach Möglichkeit eine gleichwertige Parallelform des Tests verwandt werden,

[1] vgl. Gustav A. Lienert, L. 80.

um einen Lerneffekt auszuschließen. Nur solche Tests sind zuverlässig, die auch nach Verstreichen eines längeren Zeitraums hohe Übereinstimmungen der Ergebnisse aufweisen.

Die *Gültigkeit* eines Tests hängt davon ab, ob er tatsächlich genau das mißt, was er angeblich messen soll. So ist ein Test für mechanisch-technisches Verständnis bei Lehrlingen nicht gültig, wenn er in Wirklichkeit etwas anderes, vielleicht Fleiß oder gutes Gedächtnis, mißt. Dies kann dadurch überprüft werden, daß man die Testresultate von Lehrlingen mit ihrer späteren Bewährung im Beruf vergleicht. Nur dann ist ein solcher Test gültig, wenn die Lehrlinge mit den höchsten Testwerten auch zur Gruppe der besonders Erfolgreichen in bezug auf ihr mechanisch-technisches Verständnis im Beruf gehören.

Bei der *Konstruktion* eines Tests müssen eine Reihe von Forderungen erfüllt sein: Schon bei der Auswahl der Aufgaben werden überwiegend statistische Methoden zu Hilfe genommen. Das kann am Beispiel der Konstruktion des HAWIE *(Hamburg-Wechsler-Intelligenz-Test für Erwachsene)*[1] verdeutlicht werden.

Der Test besteht aus zwei Hauptteilen mit je 5 Untertests: dem sprachlichen Teil (Verbalteil) und dem praktischen Teil (Handlungsteil). Für jeden Untertest überprüfte man zuerst, wie viele Versuchspersonen jede Aufgabe lösen konnten und reihte dann die Aufgaben nach ihrer Schwierigkeit, um damit möglichst genau zwischen mehr oder weniger leistungsfähigen Versuchspersonen unterscheiden zu können.

Um eine einzelne Versuchsperson in die Verteilung der Intelligenz der gesamten westdeutschen Bevölkerung einordnen zu können, war es nötig, mehrere tausend Versuchspersonen mit dem Test zu untersuchen. Dabei spielte die Be-

[1] vgl. Curt Bondy, L. 18.

achtung der *Repräsentativität* dieser Stichprobe eine große Rolle. Die Versuchspersonen mußten eine repräsentative Stichprobe der Gesamtpopulation darstellen, d.h., es mußte ein zwar verkleinertes, aber sonst genaues Abbild der Gesamtbevölkerung ausgesucht werden, in welchem Merkmale wie Geschlecht, Konfession, Alter und soziale Stellung entsprechend ihrer Häufigkeit zu berücksichtigen waren.

Der HAWIE entspricht wie eine Reihe anderer Intelligenztests weitgehend den Forderungen der testpsychologischen Gütekriterien. Es gibt aber neben der Intelligenz noch viele andere Persönlichkeitsmerkmale, für die es bisher noch keine Tests gibt, die hinreichend zuverlässig, objektiv und gültig sind.

Eine besondere Gruppe bilden die sogenannten *projektiven Tests*, die ihren Namen dadurch erhalten haben, daß bewußte und unbewußte Strebungen und Wünsche von der Versuchsperson auf ein Reizobjekt übertragen, projiziert werden. Der bekannteste projektive Test dürfte der *Formdeutetest* von H. RORSCHACH[1] sein, den er im Jahre 1921 veröffentlichte. Der Test besteht aus zehn Tafeln mit – teils farbigen – symmetrischen Klecksgebilden, die von der Vp zu deuten sind. Sie wird aufgefordert, zu beschreiben, was sie auf den Tafeln sieht. Die Antworten werden mit Hilfe eines komplizierten Systems verschlüsselt und dann quantitativ ausgewertet; außerdem werden qualitativ die Inhalte der Antworten auf die einzelnen Karten miteinander in Verbindung gebracht. Ein Mangel dieses und sehr vieler anderer projektiver Tests liegt darin, daß sie nur ungenügend objektiv ausgewertet werden können.

Allgemein kann gesagt werden, daß die projektiven Tests testtheoretische Gütekriterien nur in geringem Maße

[1] L. 104.

erfüllen, daß sie aber andererseits so viel Auskunft über ganz spezielle Persönlichkeitsmerkmale eines Menschen geben, daß wir vorerst nicht auf sie verzichten dürfen, denn sie liefern wichtige Hypothesen, die dann mit objektiven Verfahren überprüft werden können.
Gerade bei den projektiven Tests muß ganz besonderer Wert auf die sorgfältige Ausbildung und die Erfahrung des testenden Psychologen gelegt werden. Hier wird auch besonders deutlich, welche Gefahren bestehen, wenn ein Laie[1] überhaupt Tests anwendet.

6

Die Voraussetzung für das Erfassen von Unterschieden zwischen Menschen ist das exakte *Messen*[2], das Umsetzen von beobachteten Differenzen in Zahlen. Menschen können sich etwa in der Körpergröße und im Gewicht unterscheiden: Hier kann man leicht messen. Aber sie können sich auch in bezug auf Aktivität und Temperament oder auf andere Persönlichkeitsmerkmale unterscheiden, und dann ist die Erfassung dieser Größen in Zahlen sehr viel schwieriger.

[1] In illustrierten Zeitschriften finden wir oft Tests, die jeder geben und auswerten kann. So finden wir Tests mit dem Titel »Sind Sie ein freundlicher Mitmensch?« oder »Haben Sie Erfolg bei Frauen?« oder »Sind Sie durchsetzungsbereit?«. Der Psychologe liebt diese Tests nicht, weil sie selten nach den Forderungen der Wissenschaft konstruiert worden sind und oft zu völlig falschen Schlüssen führen. Sie entsprechen aber einem Wunsch des Laien, der schnell und plausibel zu einem durch Zahlenwerte quasi objektiven Bild von sich kommen will.

[2] Eine ausführliche Darstellung der gebräuchlichsten Meßmethoden gibt: Friedrich Sixtl, L. 113.

Das Messen[1] in der Psychologie kann nur sehr selten, wie etwa in der Physik, ein direktes Ablesen einer Zahl an einem Meßinstrument sein, etwa wie man die Temperatur in Graden an einem Thermometer abliest.
In dieser Weise kann man zwar die Zeit messen, die eine Versuchsperson für die Bewältigung einer Testaufgabe braucht, oder die Zeit, die bis zu ihrer Reaktion auf einen Reiz vergeht. Meist handelt es sich in der Psychologie jedoch um Quantifizierungen von qualitativen Merkmalen. Als Beispiel soll die Quantifizierung des Merkmales Intelligenz dienen. Ein Mensch muß eine Reihe von Aufgaben lösen, und über die Bewertung und die Addition der richtigen Lösungen gelangt man zu einem Maß, dem Intelligenzquotienten (IQ). Damit kann man qualitative Stufungen wie »dumm«, »klug«, »genial« mit Hilfe einer Zahl ausdrücken. Dann müssen diese Zahlen, die Intelligenzquotienten, die Relationen zwischen den qualitativen Stufungen genau widerspiegeln, d.h. daß eine Person mit einem Intelligenzquotienten von 120 als »klug«, eine Person mit einem IQ von 80 als »dumm« bezeichnet wird, während ein Mensch mit einem IQ von 100 genau auf der Mitte der Meßskala steht und durchschnittlich intelligent genannt werden kann. Dieser Vorgang der Umsetzung von qualitativen Stufen in quantitative Meßwerte ist bei der Psychologie naturgemäß mit einem höheren Meßfehler verbunden als bei den exakten Naturwissenschaften wie Physik und Chemie. Die Berücksichtigung dieses Meßfehlers in der Interpretation von Meßergebnissen macht die statistische Auswertung psychologischer Experimente oft überaus kompliziert.

[1] A. 15.

Die aus Experimenten oder Beobachtungen oder Befragungen gewonnenen Daten werden mit dem methodischen Hilfsmittel der *Statistik* rechnerisch bearbeitet, um die wissenschaftliche Fragestellung exakt und nachprüfbar zu beantworten.

Als Statistik wird oft nur die bloße Summierung von Ereignissen betrachtet. So findet sich in der Tagespresse die Summierung von Verkehrsunfällen meist unter dem Ausdruck »Statistik«. Man muß hier zwischen einer rein beschreibenden Statistik unterscheiden, wie sie benutzt wird, um solche Summierungen von Ereignissen vielfältig darzustellen, und einer schlußfolgernden Statistik, bei der es um den Nachweis von Regelmäßigkeit und Ordnung in beobachteten Tatsachen und um die Möglichkeit geht, von einem Versuchsergebnis auf die Wahrscheinlichkeit zu schließen, mit der sich dieses Ergebnis auch bei anderen Versuchen einstellen wird.

Statistik ist dabei die auf den Grundlagen der *Wahrscheinlichkeitslehre* beruhende Auswertung von Häufigkeiten. Ihre wichtige Frage ist immer, ob die in den Ergebnissen von Experimenten auftretenden Unterschiede und Zusammenhänge als Zufall aufgefaßt werden können oder ob sie zu verallgemeinernden Schlußfolgerungen berechtigen. Diese Entscheidung läßt sich immer nur mit mehr oder weniger großer Sicherheit und Verläßlichkeit treffen. Eine absolute Sicherheit gibt es in der Psychologie nicht; die Formulierung »mit an Sicherheit grenzender Wahrscheinlichkeit« spiegelt diesen Tatbestand wider.

In der statistischen Praxis werden verschiedene Verläßlichkeitsgrenzen gesetzt. Am gebräuchlichsten sind das 5%- und

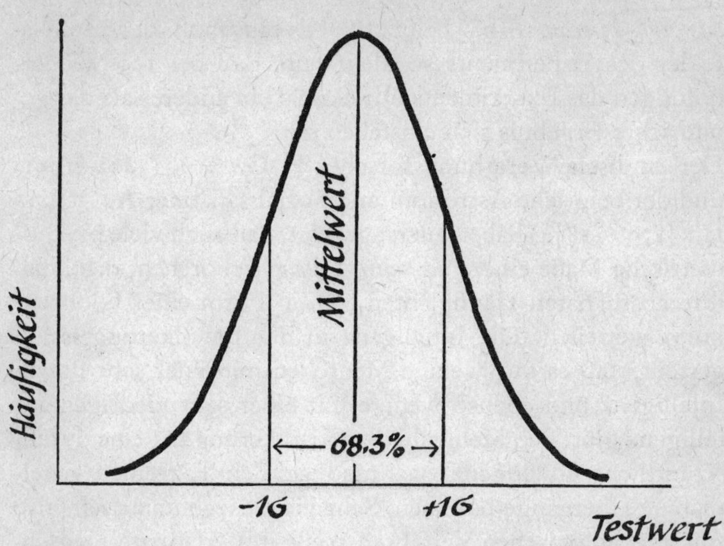

Die Abb. 5 zeigt eine »Normalverteilung« (Glockenkurve). Eine derartige Verteilungsform zeigt eine große Anzahl psychologischer Merkmale, wenn man sie an einer größeren Zahl von Personen mißt. Auf der Abszisse werden in gleichbleibenden Abständen die Testwerte des betreffenden Merkmals abgetragen, z. B. die Intelligenzquotienten. Auf der Ordinate die Häufigkeiten, mit denen jeder Testwert in der Gesamtgruppe aller Personen, an denen der Test erhoben wurde, auftritt. Am häufigsten ist also die Zahl der Personen mit mittlerem Testwert, Personen mit extrem hohem und niedrigem Testwert sind weitaus seltener.

Eine derartige Normalverteilung kann einen mehr oder weniger großen Merkmalsbereich überdecken, d. h. die Testwerte können mehr oder weniger stark streuen. Um derartige Streuungen vergleichen zu können, verwendet man ein Standardmaß Sigma. Ein Sigma (σ) ist so definiert, daß in dem Bereich von einem Sigma unterhalb des Mittelwertes bis ein Sigma oberhalb des Mittelwertes 68,3% aller Häufigkeiten liegen. Streut das Merkmal stark, d. h. zeigen die Personen, an denen es gemessen wurde, sehr unterschiedliche Testwerte, so umfaßt ein Sigma also einen größeren Merkmalsbereich, als wenn die Testwerte weniger stark streuen.

das 1%-Niveau, d.h., beim 1%-Niveau muß der Zufallsfehler des Experiments so klein sein, daß bei 100 Wiederholungen des Experiments nur einmal ein anderes als das gewünschte Ergebnis sich einstellen darf.

Der englische Vererbungsforscher F. GALTON (1822–1911) und der belgische Astronom und Sozialstatistiker A. QUETELET (1796–1874) haben zuerst gezeigt, daß auch viele psychometrische Maße einer *Normalverteilung*[1] gehorchen, d.h., daß ihre abstufbaren Häufigkeiten sich in Form einer Glockenkurve verteilen. Die Intelligenz in der Bevölkerung ist so verteilt, daß es nur wenige Menschen mit einer sehr hohen Intelligenz und ebenso wenige mit einer sehr niedrigen Intelligenz gibt. Die Mehrzahl der Bevölkerung hat eine durchschnittliche Intelligenz, während zu den Extremen regelmäßige Übergänge bestehen. Sehr viele psychometrisch (also mit psychologischen Verfahren meßbare) erfaßbare menschliche Merkmale sind in der Gesamtbevölkerung nach der Form dieser Glockenkurve verteilt.

Die nebenstehende Abbildung Nr. 5 zeigt diesen Tatbestand. Auf der Abszisse, der horizontalen Grundlinie, findet sich in von links nach rechts ansteigender Höhe die Intelligenzskala, während auf der Ordinate, der vertikalen Linie, die Häufigkeit des Auftretens verzeichnet ist. Der Gipfelpunkt der Kurve ist gleichzeitig der Punkt der größten Häufigkeit. Fällt man von dort das Lot auf die Abszisse, so hat man gleichzeitig den Durchschnittswert, das arithmetische Mittel und den Punkt, bis zu dem 50% aller Fälle liegen.

Von dieser Normalverteilung und ihren Kennwerten, dem Mittelwert und der Streuung, ausgehend, wurden die meisten mathematisch-statistischen Prüfverfahren entwickelt. Erst in den letzten Jahren hat sich ein neuer Zweig der Forschungs-

[1] Peter R. HOFSTÄTTER & Dirk WENDT, L. 56.

statistik schnell entwickelt, der nicht von der Annahme Gebrauch macht, daß die untersuchten Variablen normalverteilt sind[1]. Diese sogenannten verteilungsfreien Verfahren finden immer häufigere Anwendung.

A. Bravais (1846), Francis Galton (1886) und Karl Pearson (1894) fanden, daß man die Zusammenhänge zwischen zwei normalverteilten Meßreihen, etwa zwischen den Leistungen einer Gruppe von Versuchspersonen in zwei Tests, mit einer Maßzahl, dem *Korrelationskoeffizienten*, beschreiben kann[2].

Aus der Beobachtung heraus, daß auch die Ergebnisse sehr verschiedener Leistungstests immer positiv miteinander korrelierten, entwickelten Felix Krueger und Charles Spearman ein Verfahren, das es gestattet, die Vielzahl der korrelierenden Merkmale auf einen oder mehrere Grundfaktoren zurückzuführen. Diese *Faktorenanalyse*[3] ist zu einem heute oft verwandten Verfahren geworden.

Die Faktorenanalyse wurde zuerst nur im Bereich der Intelligenzforschung angewandt. Mit ihrer Hilfe wurden z.B. in den Intelligenzleistungen erwachsener Versuchspersonen bis zu zwölf unabhängige Faktoren entdeckt. Heute findet sie jedoch im gesamten Bereich der Differentiellen und der Allgemeinen Psychologie Anwendung.

[1] vgl. Gustav A. Lienert, L. 81. – [2] A. 16. – [3] A. 17 und Kurt Pawlik, L. 97.

IX Angewandte Psychologie

Die Anwendung psychologischer Erkenntnisse und Methoden bei der Arbeit des Psychologen in der Praxis spielt eine immer wichtigere Rolle. Vor dem Zweiten Weltkrieg waren in den USA noch die meisten Psychologen in der akademischen Lehrtätigkeit oder in der Grundlagenforschung an den Universitäten beschäftigt; heute dagegen sind mehr als die Hälfte in der Praxis tätig. In Deutschland arbeiten weit mehr Psychologen in der Praxis als an wissenschaftlichen Instituten. Der Ausdruck *Angewandte Psychologie* wurde früher zumeist auf die Anwendung von psychologischen Methoden und Erkenntnissen in der Wirtschaft und im Betrieb benutzt. Schon vor dem Ersten Weltkrieg erschienen einschlägige Arbeiten über die Auswahl von Personal, über die Arbeitsleistungen und die Werbung. Ein Pionier der Angewandten Psychologie war Hugo MÜNSTERBERG (1863–1916), der 1914 eine erste Sammlung von Arbeiten zur industriellen Psychologie, damals *Psychotechnik* genannt, veröffentlichte[1]. 1915 übernahm Walter Dill SCOTT den ersten Lehrstuhl für Angewandte Psychologie am Carnegie Institute of Technology in Pittsburgh, USA. Im folgenden sollen die wichtigsten Gebiete der Angewandten Psychologie aufgeführt werden, in denen Psychologen arbeiten.

1 *Psychologen in Erziehungsberatungsstellen*

Der größte Teil der im »*Berufsverband Deutscher Psychologen*[2]« organisierten Psychologen ist in Erziehungsberatungsstellen

[1] L. 91. – [2] A. 18.

beschäftigt. Über ihre Arbeit ist bereits im Kapitel VII ausführlich berichtet worden.

2 *Psychologen in der Sozialarbeit*

Die Erziehungsberatungsstellen werden weitgehend als Institutionen der Sozialarbeit angesehen. Wenn man jedoch von den Psychologen in der Sozialarbeit spricht, meint man vor allem diejenigen Psychologen, die in den verschiedenen Heimen und bei den Jugendämtern tätig sind. Es handelt sich im allgemeinen um Heime, in welchen Kinder und Jugendliche auf Wunsch der Eltern oder auf Anweisung des Vormundschaftsgerichts untergebracht werden, oder auch um heilpädagogische Einrichtungen.
Aufgabe des Psychologen in einem solchen Heim ist es nun, mit den Mitteln der Diagnostik die Ursachen für die Fehlentwicklung festzustellen, Hinweise für die Arbeit des Erziehers zu geben und auch selbst mit den Methoden der Gruppenpädagogik und der Gruppentherapie, auch der Einzeltherapie, aktiv in die Betreuung einzugreifen. Falls der Psychologe die Eignung und die nötige Erfahrung für eine solche Aufgabe besitzt, wird er auch als Berater der Erzieher tätig sein können.

3 *Psychologen im Dienst der Schule*

In jeder Klasse sind Kinder, die dem Lehrer wegen ihrer Unausgeglichenheit, ihrer Konzentrationsunfähigkeit und sonstiger Schul- und Verhaltensschwierigkeiten auffallen. Da der Lehrer nur wenige Möglichkeiten hat, sich intensiv um solche Kinder zu kümmern, werden in steigendem Maße Psychologen für diese Aufgaben eingesetzt.

Der *Schulpsychologe* muß in jedem Falle *Diplompsychologe* sein und möglichst auch eine abgeschlossene pädagogische Ausbildung haben. Ihm werden die schwierigen Kinder zur genauen diagnostischen Untersuchung geschickt. Er gibt dann Ratschläge und übernimmt in manchen Fällen selbst die Behandlung. Er schlägt z. B. vor, daß ein Kind in eine spezielle Klasse oder in eine Sonderschule kommt. Er hilft bei der Feststellung der Schulreife oder bei der Frage, ob ein Kind die Höhere Schule besuchen kann. Seine Aufgaben sind außerordentlich vielfältig. Es wäre wünschenswert, daß noch viel mehr Schulpsychologen eingestellt werden, weil es sich bei ihrer Arbeit um sehr weitreichende Entscheidungen für ein Kind handelt, die meist nur ein Spezialist treffen kann.

4 *Der forensische und der Kriminalpsychologe*

Der *forensische Psychologe* hat vor allem die Aufgabe, dem Gericht als Sachverständiger zu dienen. Er kann z. B. die Glaubwürdigkeit der Aussage eines Kindes in einem Sittlichkeitsprozeß überprüfen, vor allem dann, wenn es keine anderen Zeugen als das Kind gibt. Er soll dem Gericht die Ursachen für die kriminelle Handlungsweise eines Jugendlichen verständlich machen oder seine Ansicht darüber äußern, ob ein Achtzehn- bis Einundzwanzigjähriger, ein sogenannter Heranwachsender, vom Gericht noch als Jugendlicher angesehen werden sollte oder schon als Erwachsener. In der Öffentlichkeit herrscht über die Stellung des forensischen Psychologen noch oft eine irrige Meinung. Vorwiegend ist er Sachverständiger für die Probleme des kindlichen und jugendlichen Seelenlebens. Es kann durchaus sein, daß z. B. in der Frage der Bestrafung eines Jugendlichen die Ansichten des Richters und die des Psychologen nicht übereinstimmen, weil sie die Straftat notwendigerweise von verschiedenen Gesichtspunkten aus betrachten müssen. Die Entscheidung liegt in jedem Fall beim Richter. Bei Straftaten Erwachsener werden vom Gericht im allgemeinen Psychiater als Sachverständige hinzugezogen. Der Psychiater bedient sich dann gelegentlich der Unterstützung eines Psychologen.

Der *Kriminalpsychologe* hat eine ähnliche Aufgabe wie der Psychologe im Heim, wenn er z. B. in einer Jugendstrafanstalt arbeitet. Er soll die Ursachen der Kriminalität des *Jugendlichen* klären, er wirkt (ähnlich wie in der Erziehungsberatung) an der Ausarbeitung und Durchführung eines Erziehungs- und Ausbildungsplanes für den einzelnen Gefangenen mit. Weiterhin wird er eine Prognose stellen und Ratschläge für die Zeit nach der Strafentlassung geben. Die Tätigkeit eines Psychologen kann allerdings nur dann wirksam sein, wenn seine Mitarbeit von der Beamtenschaft als hilfreich angesehen, besonders aber vom Strafanstaltsleiter wirklich gewünscht und unterstützt wird, und wenn er einen wesentlichen Einfluß auf die Aus- und Weiterbildung des Aufsichtspersonals hat.

5 *Psychologen in der Klinik*

Eine genaue Übereinkunft über das, was unter Klinischer Psychologie zu verstehen ist, gibt es noch nicht. Man könnte jedoch alle bisher genannten Tätigkeiten darunter zusammenfassen. Klinische Psychologie wäre dann jener Zweig der Angewandten Psychologie, der psychologische Theorie und Praxis in den Dienst von Klienten stellt, die eine seelische Störung oder Verhaltensauffälligkeiten haben und denen zu einer besseren Anpassung verholfen werden soll. Eine weitere Gruppe bilden die Psychologen[1], die tatsächlich *in* Kliniken und Krankenanstalten als Diagnostiker, als Therapeuten und in steigendem Maße auch als experimentelle Forscher arbeiten. Sie sind Mitarbeiter in psychiatrisch-neurologischen Abteilungen, in Kinderkliniken, Stationen für psychosomatische Erkrankungen und in Spezialkrankenhäusern, z. B. für Hirnverletzte oder für Unfallgeschädigte.

6 *Arbeits- und Betriebspsychologen*

Die Betriebspsychologie[2] hat in Deutschland eine lange Tradition. Schon zu Beginn dieses Jahrhunderts waren neben der *Personalauslese* die innerbetriebliche Schulung und Fortbildung, Fragen der Einstellung zur Arbeit und die *Arbeitsplatzgestaltung* Bestandteile des betriebspsychologischen Programms. Außerdem gehören zu den traditionellen Aufgaben der Arbeits- und Betriebspsychologie die Arbeitsplatzbewertung, bestimmte Organisationsprogramme und die Untersuchung von Umgebungseinflüssen, wie z. B. die Wirkung von Beleuchtung, Temperatur, Farbe und Lärm auf die Leistung und das Wohlbefinden der Arbeitenden. Eine wichtige Aufgabe, derer sich die Betriebspsychologen erst in jüngster Zeit angenommen haben, ist die *Unfallverhütung*. Sie arbeiten an diesem Problem mit den Sicherheitsingenieuren zusammen. Ihr Ziel ist die Verminderung der Gefährdung am Arbeitsplatz, z. B. durch Anpassung der Apparaturen an die Arbeits-

[1] A. 19. – [2] Peter R. Hofstätter u. Werner H. Tack, L. 57.

weise der menschlichen Wahrnehmung. Dabei wird versucht, diejenigen Menschen herauszufinden, die auf Grund psychischer und physischer Mängel stark unfallgefährdet sind. Als Sonderzweig der Arbeits- und Betriebspsychologie sei der psychologische Dienst der Deutschen Bundesbahn erwähnt, der auf die Einführung der *Eignungsuntersuchung* für Lokomotivführer bei den Sächsischen Staatsbahnen schon im Jahre 1917 zurückgeht.

7 *Psychologen im Arbeitsamt*

Die zur Zeit etwa 110 Psychologen an Arbeitsämtern sind damit beschäftigt, die *Berufsberater* in psychologischen Fragen auszubilden und zu unterstützen, sowie bestimmten Altersgruppen – hauptsächlich Jugendlichen – die Wahl eines für sie geeigneten und befriedigenden Berufes zu erleichtern. Bei dieser Eignungsdiagnose handelt es sich zumeist um Gruppenuntersuchungen und um die Einzeluntersuchungen schwieriger Fälle, da die Berufsberatung selbst im allgemeinen in der Hand von Kräften liegt, die nicht so sehr psychologisch als vielmehr berufskundlich ausgebildet sind. Darüber hinaus ergeben sich für den Psychologen eine ganze Reihe von Aufgaben aus der Notwendigkeit der beruflichen Wiedereingliederung von Kriegs- und Unfallgeschädigten; schließlich muß er an der Verbesserung und Weiterentwicklung eigenständiger Untersuchungsmethoden arbeiten.

Nach einer Statistik über die *Verkehrsunfälle* im Jahr 1967 im Bundesgebiet wurden 7061 Personen getötet und 461 311 Menschen verletzt. Die Zahl der Unfälle mit Personenschaden erhöhte sich gegenüber dem Vorjahre um 2462, die Zahl der Verkehrstoten um 193 und die der Verletzten um 4479. Das sind Zahlen, die uns immer wieder erschrecken und die zeigen, welche großen Gefahren für den Menschen im Straßenverkehr liegen.

Verkehrspsychologen arbeiten vor allem in den medizinisch-psychologischen Untersuchungsstellen an Gutachten zur Fahrtüchtigkeit. Auch dabei ist eine Teamarbeit zwischen Ärzten, Psychologen und Technikern notwendig. Es geht z. B. darum, durch eine möglichst genaue Untersuchung festzustellen, ob ein Mensch, der aus bestimmten Gründen als gefährdend für seine Umwelt angesehen werden muß, den Führerschein erhalten oder behalten darf.

Neben der Gutachtertätigkeit gibt es noch verschiedene andere Aufgaben für den Verkehrspsychologen. So arbeitet er etwa mit bei verkehrspädagogischen Problemen, bei der Unterrichtung der Kinder und der Alten zur Anpassung an die erhöhten Anforderungen des Straßenverkehrs oder an psychologischen Überlegungen beim Straßenbau. Er hat eine Mitentscheidung bei der Gestaltung und Aufstellung von Schildern unter Anwendung der psychologischen Wahrnehmensforschung oder über Probleme der Konstruktion von Automobilen unter dem Gesichtspunkt der inneren und äußeren Sicherheit.

Der Psychologe in der *Marktforschung* beschäftigt sich in der Hauptsache mit den psychologischen Gesetzmäßigkeiten der Nachfrage und des Angebots.
Der Psychologe in der *Werbung* befaßt sich mit der Erforschung der Konsumbedürfnisse und Verbrauchergewohnheiten; er testet die Reaktionen der Verbraucher, besonders auf das Angebot der Werbung in Presse, Rundfunk und Fernsehen.
Die Markt- und Werbepsychologie steht dabei zwischen dem Produzenten und dem Verbraucher. Deshalb ist es nicht die Aufgabe des Werbepsychologen, schlechte oder ungeeignete Produkte mit Hilfe psychologischer »Tricks« dem Verbraucher aufzuzwingen – wenn das in Einzelfällen auch versucht wird. Der verantwortungsbewußte Werbepsychologe versteht sich als Mittler zwischen Produzent *und* Verbraucher. Er möchte beiden gerecht werden, indem er dem Produzenten ein möglichst objektives Bild vom Konsumenten und seinen Bedürfnissen gibt. Der Produzent eines kosmetischen Präparats z. B. soll durch die Arbeit des Werbepsychologen in die Lage versetzt werden, ein Produkt herzustellen und durch Werbung zu propagieren, das einem tatsächlichen Bedürfnis des Konsumenten entspricht. Dabei haben popularisierte und zum Teil grob vereinfachte Erkenntnisse der Tiefenpsychologie vor allem bei der Analyse des »*Image*« in die Werbepsychologie Eingang gefunden. Dieses Vorstellungsbild einer Marke, die im Namen des Produktes mitschwingenden Assoziationen und gefühlsmäßigen Einstellungen sind jedoch nur sehr schwer mit wissenschaftlichen Mitteln zu objektivieren, so daß eine solche qualitative Marktforschung ihr Ziel oft nicht erreicht.

Die von Vance PACKARD[1] geschilderte Vision der absoluten Manipulierbarkeit des Verbrauchers mit Hilfe »unterschwelliger« Werbung scheint im Bereich der Utopie zu liegen.

10 *Psychologen in der Meinungsforschung*

Im Gegensatz zum Psychologen in der Werbung arbeitet der psychologische *Meinungsforscher* mit quantitativen, beschreibenden Methoden an objektiv erhebbaren Tatsachen, Merkmalen und Einstellungen. Die Umfrageforschung, die sich aus den Voraussagen von Wahlergebnissen in den USA (Gallup) entwickelt hat, will ein klares Bild von der Verteilung bestimmter *Meinungen* und Einstellungen in einer möglichst großen und repräsentativen Gruppe von Menschen gewinnen, um von daher auf die gesamte Bevölkerung Rückschlüsse ziehen zu können. Die Stichprobe, an der die Erhebungen durchgeführt werden – in der klassischen Meinungsforschung meist etwa 2000 Versuchspersonen –, muß repräsentativ sein. Schon geringe Fehler in der Auswahl der Stichprobe, etwa eine Nichtbeachtung der Altersverteilung, kann zu falschen Ergebnissen führen.

Die Aufstellung des *Fragebogens* und die genaue Einweisung und Schulung der *Interviewer* liegt dabei oft in der Hand des Psychologen. Wird an einem der drei wesentlichsten Punkte – der *Stichprobe*, dem Fragebogen oder Schulung der Interviewer – nicht wissenschaftlich exakt genug gearbeitet, so kann dadurch das Ergebnis, z.B. einer Wahlvoraussage, falsch ausfallen.

[1] L. 95.

Der *Wehrpsychologe* befaßt sich vor allem mit Eignungsuntersuchungen bei Wehrpflichtigen und Freiwilligen, mit der Auslese von Offiziersanwärtern und Spezialisten für Heer, Luftwaffe und Marine und mit der Begutachtung von zivilen Kräften. Durch diese Untersuchung soll verhindert werden, daß in der Bundeswehr ungeeignete Menschen aufgenommen oder an einer falschen Stelle eingesetzt werden. Je besser die Auswahl ist, desto besser werden Ausbildung und Einsatz der Soldaten sein können. Der Psychologe soll dabei helfen, daß Maschinen, Geräte und Waffensysteme den Menschen, die mit ihnen umgehen, angepaßt werden. Er soll weiterhin bei der Entwicklung von speziellen Testverfahren mitwirken, die für seine Arbeit notwendig sind, sowie bei der Überprüfung von Ausbildungs- und Unterrichtsmethoden. Von entscheidender Bedeutung für die wirksame Tätigkeit der Wehrpsychologen wird die Zusammenarbeit mit anderen Angehörigen der Bundeswehr, vor allem den Wehrmedizinern, sein.

X Parapsychologie

1

Einige Leser werden enttäuscht sein, daß über manche psychologischen Probleme noch nichts gesagt wurde, die sie ganz besonders interessieren und über die sie gern mehr wissen möchten. Gemeint sind Phänomene wie Ahnungen, Visionen, Tischrücken, Verbindung mit Gestorbenen; ferner Spukvorkommnisse, Gedankenlesen, Hellsehen, Wahrträume, Gedankenübertragung und Prophetie.

Ob derartige Vorgänge Gegenstand wissenschaftlicher Psychologie sind oder zumindest sein sollten, ist eine Frage, über die sich die Fachleute keineswegs einig sind. Der überwiegende Teil aller Psychologen glaubt, daß es sich hierbei um Phänomene handelt, die nichts oder doch sehr wenig mit Wissenschaft zu tun haben.

In der Tat handelt es sich bei diesen »psychischen Phänomenen« so häufig um bewußte Zaubertricks, um mehr oder weniger offenkundigen Schwindel, um Geschäftemacherei, Aberglauben und auch Wahnsinn, daß es schwer für einen Wissenschaftler ist, sich überhaupt mit diesen Fragen zu beschäftigen, ohne sich dadurch bei seinen Kollegen suspekt zu machen.

Trotzdem hat es immer wieder ernst zu nehmende Wissenschaftler gegeben, die sich solchen Problemen widmeten. Zu ihnen gehört Hans BENDER (geb. 1907), der seit 1946 den Lehrstuhl für Grenzgebiete der Psychologie an der Universität Freiburg i. B. innehat.

Aus der großen Menge von Literatur beziehe ich mich im folgenden vor allem auf ein einziges von BENDER 1966 herausgegebenes Buch: PARAPSYCHOLOGIE[1]. Es enthält 67 Artikel

[1] L. 11.

zum Thema Parapsychologie, angefangen von den griechischer Philosophen bis zu Beiträgen heutiger Wissenschaftler. Die Artikel sind ins Deutsche übersetzt, teils gekürzt und durch BENDER eingeleitet.

BENDER definiert Parapsychologie als »die Wissenschaft von den okkulten Erscheinungen, als Teildisziplin der Seelenkunde, die sich mit der Untersuchung umstrittener Erlebnis- und Verhaltensweisen befaßt, die das normale Erkenntnisvermögen und die normale Wirkungskraft der Psyche und des Leibes anscheinend übersteigen[1]«. Er unterscheidet vor allem zwei Hauptbereiche: die *außersinnlichen Wahrnehmungen* und die *Psychokinese*. Außersinnliche Wahrnehmungen sind Wahrnehmungsleistungen »außerhalb der uns bekannten Sinnesorgane« wie z.B. Telepathie, Hellsehen und Prophetie. Unter Psychokinese versteht BENDER die »›direkte‹, mechanisch unerklärliche Wirkung auf die Körperwelt«.

»Para« heißt »neben«, und mit parapsychischen Vorgängen sind solche gemeint, die »neben den uns vertrauten, mit den gewohnten Kategorien unseres Weltverständnisses begreiflichen Erscheinungen auftreten oder aufzutreten scheinen[2]«.

Die *Erklärungsversuche* sind ebenso vielfältig wie die Erscheinungen selbst. Zwei Erklärungsweisen trifft man jedoch besonders häufig an: den Glauben an übernatürliche Kräfte und Wesen, wobei das Wissen um Verborgenes in Träumen, Visionen und in Leistungen der Seher auf göttliche Inspiration oder das Eingreifen einer Geister- und Dämonenwelt zurückgeführt wird – und im Gegensatz dazu die naturalistische Annahme, die diese Phänomene durch besondere seelische Eigenschaften der betroffenen Menschen zu erklären sucht.

[1] L. 11, S. XV. – [2] L. 11, S. XV.

Einige der parapsychologischen Begriffe und Phänomene sollen nun etwas ausführlicher beschrieben werden.
Bekannt und besonders verbreitet ist das sogenannte *Kristallsehen* oder die Kristalloskopie. Das Medium fixiert einen Kristall oder einen anderen glänzenden oder leuchtenden Punkt, konzentriert sich und versenkt sich auf diese Weise in eine Art Autotrance. Mit Beginn des Versenkungszustandes erscheinen besonders veranlagten Personen dann Bilder und Szenen, die Wachträumen ähneln, der betreffenden Person jedoch viel realistischer vorkommen. Es soll sich dabei um Visionen handeln, die sich auf tatsächliche oder zukünftige Ereignisse beziehen. Der Kristalloskopie im weiteren Sinne sind auch das Blicken in Zauberspiegel, in Quellen oder auch das Kaffeesatzlesen zuzurechnen.
Die *Spiritisten* behaupten, mittels *Tischrücken* und durch Medien direkten Kontakt zu Verstorbenen aufnehmen zu können. Als *Medien* werden von ihnen jene Personen bezeichnet, die während der Sitzungen mit den Geistern der Verstorbenen in Verbindung treten. Allgemein versteht man unter Medien in der Parapsychologie Menschen, die mediale, d.h. okkultistische Fähigkeiten besitzen.
Als *Hellsehen* bezeichnet man Erfahrungen eines Menschen bezüglich tatsächlicher Gegenstände oder objektiver Ereignisse, die weder durch sinnliche Wahrnehmung noch durch Nachdenken erworben sein können.
Der Begriff *Telepathie* ist allgemein als *Gedankenübertragung* bekannt. Man versteht darunter die Erfahrung der Gedanken anderer Personen, allgemeiner die Erfahrung psychischer Erfahrungen anderer, ohne entsprechende sinnliche Übermittlungsmöglichkeiten. Als telepathisch bezeichnet der Para-

psychologe nur solche Vorgänge, bei denen Hellsehen ausgeschlossen ist. Der Telepath ist also im Gegensatz zum Hellseher von einem anderen Menschen, einem »Sender«, abhängig, der einen Gedanken »ausstrahlt«.

Unter *Prophetie* versteht man die Kenntnis oder Vorahnung zukünftiger Ereignisse, entweder im Wachzustand oder auch im Traum.

Derartige Erscheinungen werden, wie oben schon erwähnt, unter dem Begriff der *außersinnlichen* Wahrnehmungen zusammengefaßt, im Englischen als ESP, d. h. *extrasensory perception*, bekannt. Daneben gibt es noch die Erscheinungen aus dem Bereich der *Psychokinese*. Dazu gehören vor allem die *Telekinese*, d. h. die Fernbewegung von Gegenständen, und die *Levitation*, d. h. die Versetzung von Gegenständen in einen Schwebezustand. Beide sollen ohne mechanische Hilfsmittel, nur durch die Kraft des Geistes, geschehen.

Bender erwähnt dann noch einen weiteren Bereich, den der sogenannten *Spukphänomene*, »bei denen sich die Welt der körperlichen Dinge regelwidrig verhalten soll. Tassen und Teller oder beliebige andere Objekte werden angeblich von einer unbekannten Kraft geworfen oder transportiert, Steine sollen in verschlossene Zimmer kommen, oder es soll Unordnung entstehen, ohne daß dafür eine verständliche Ursache gefunden werden kann[1]«. Bender meint, daß gerade die Spukphänomene als Zumutung an den »gesunden Menschenverstand« empfunden werden. Wer sich mit ihnen auseinandersetzt, liefert sich leicht der Lächerlichkeit aus. Trotz solcher Vorurteile bestände aber kein Grund, nicht auch den Spuk mit angemessenen Methoden zu untersuchen.

Ein amerikanischer Psychologe hat sich ganz besonders mit der Parapsychologie und hier vor allem mit den Phänomenen

[1] L. 11, S. 461.

des *Hellsehens* und der *Telepathie* beschäftigt und ihnen viele Jahre experimenteller Arbeit gewidmet: Joseph Banks Rhine (geb. 1895) hat 1934 die Leitung des von William McDougall errichteten parapsychologischen Laboratoriums übernommen und hat seit dieser Zeit sehr ernsthafte Untersuchungen nach streng statistischen Gesichtspunkten durchgeführt. Die bekannteste Versuchsanordnung bestand in einem Satz von 25 Karten, von denen je 5 die gleichen geometrischen Symbole, wie Kreis, Quadrat, Kreuz usw., trugen. Die Versuchspersonen mußten die ihrer Sicht entzogenen Karten identifizieren. Zunächst wurden die Versuche in einem Raum durchgeführt, später befanden sich Versuchsleiter und Medium in verschiedenen Gebäuden, um jede direkte Verbindung unter allen Umständen auszuschließen. Die Versuchspersonen hätten also eigentlich nur die Zeichen auf den jeweiligen Karten *raten* können. Nach dem Gesetz des Zufalls wären bei einer größeren Anzahl von Rateversuchen nur 20% richtige Antworten zu erwarten gewesen. Es gab jedoch Versuchspersonen, die zu einer derart hohen Trefferzahl gelangten, daß von Zufall nicht mehr gesprochen werden konnte. Rhine nimmt zur Erklärung solcher Phänomene eine noch unbekannte Energieform an, für die es eine besondere Wahrnehmungsfähigkeit gibt. Diese Fähigkeit wirkt seiner Meinung nach völlig außerhalb der bekannten physikalischen Bedingungen von Raum, Zeit und Materie.

3

Von den Meinungen der vielen Philosophen, Ärzte und Psychologen, die sich zu den parapsychologischen Phänomenen geäußert haben, sollen hier einige wenige erwähnt werden:

Schon vor zweihundert Jahren schrieb Immanuel KANT (1724 bis 1804) »... daß ich mich nicht unterstehe, so gänzlich alle Wahrheit an den mancherlei Geistererzählungen abzuleugnen, doch mit dem außergewöhnlichen, obgleich wunderlichen Vorbehalt, eine jede einzelne derselben in Zweifel zu ziehen, allen zusammen aber einigen Glauben beizumessen[1]«.

Auch Sigmund FREUD[2] äußerte sich mehrfach zu parapsychologischen Fragen. Er erklärte sich eindeutig bereit, an der Beobachtung okkulter Phänomene teilzunehmen. Denn seiner Meinung nach müßte es durch Beobachtung zu entscheiden sein, ob die Erzählungen der Okkultisten der Wahrheit entsprächen oder nicht. FREUD schränkte allerdings ein, daß die Versuchs- und Beobachtungsbedingungen äußerst ungünstig seien. Die Situationen, in denen okkultistische Phänomene gewöhnlich beobachtet würden, hätten mit jenen Bedingungen, unter denen sonst wissenschaftliche Untersuchungen durchgeführt würden, nur wenig gemeinsam.

Carl G. JUNG bekannte sich zwar nicht zum Geisterglauben im Sinne des strengen Spiritismus, meinte aber auf Grund seiner Forschungen annehmen zu müssen, »daß hinter der Welt der Psyche mit ihren kausalen Manifestationen in Raum und Zeit eine andere unverkennbare Wahrheit liegen müsse, in welcher Zeit und Raum sich relativieren und das Gesetz der Kausalität ein Ende nimmt[3]«.

Aus neuerer Zeit sollen abschließend die Meinungen zweier Psychologen zitiert werden, deren streng naturwissenschaftliche Orientierung außer Frage steht.

Wenn heute die Möglichkeit außersinnlicher Wahrnehmungen behauptet wird, so ist das nach Meinung von Peter R. HOFSTÄTTER auf Grund von Versuchsergebnissen gerechtfertigt, die nicht mehr als zufallsbedingt erklärt werden können.

[1] L. 11. – [2] L. 11, S. 393. – [3] L. 11, S. 420.

Versuchsergebnisse wie diejenigen von RHINE reichen aus, um das Phänomen zu einem echten Problem für die wissenschaftliche Analyse zu machen. Die Tatsächlichkeit derartiger parapsychologischer Phänomene ist also nicht zu bestreiten. Da aber zur Zeit eine befriedigende theoretische Erklärung dafür noch nicht möglich ist, besteht eine wesentliche Aufgabe parapsychologischer Forschung heute in einer »positiven Kritik« des Aberglaubens, d.h. in einer Leistung der Psychohygiene, die »in einem Zeitalter besonders notwendig sein mag, in dem sich Lebensängste durch eine Gier nach magischen Sicherungen, Voraussagen des Geschicks durch Astrologen, Kartenaufschläger, Handleser, Hellseher usw. bekunden[1]«.

Etwas ausführlicher soll über die Stellungnahme von Hans J. EYSENCK zur Parapsychologie gesprochen werden:

Seiner Meinung nach kommt für den Wissenschaftler, der sich mit parapsychologischen Phänomenen auseinandersetzt, keine andere Rolle in Frage als die des Skeptikers. Wenn für derartige Phänomene irgendeine andere Erklärung möglich ist, so müsse diese zunächst akzeptiert werden, und sei sie auch noch so unwahrscheinlich. Will man sich ein begründetes Urteil über Phänomene der außersinnlichen Wahrnehmung erwerben, so müssen zwei Bedingungen streng erfüllt sein: Zunächst muß das experimentelle Verfahren so gut durchdacht und kontrollierbar sein, daß auch der unerbittlichste Kritiker nichts daran aussetzen kann. Ferner benötigt man eine fundierte mathematisch-statistische Kenntnis der Möglichkeit von Zufallstreffern. Sind beide Bedingungen erfüllt, so kann man prüfen, ob sich die im Experiment beobachteten Ergebnisse von der Trefferzahl unterscheiden, die nach dem Gesetz des Zufalls zu erwarten war.

[1] L. 54, S. 48.

Da die statistischen Bedenken, die gegen RHINE geäußert wurden, nicht stichhaltig sind, kommt EYSENCK zu dem Schluß, »daß es eine kleine Anzahl von Menschen geben muß, die Informationen über psychische Inhalte anderer Menschen oder über äußere Sachverhalte auf Wegen erhalten, die der Wissenschaft noch unbekannt sind[1]«. Damit ist natürlich noch nichts über die Ursachen solcher Phänomene ausgesagt. Jede Deutung, die über die Feststellung hinausgeht, daß hier etwas beobachtet wurde, das nicht durch die uns bekannten Gesetze und Theorien erklärt werden kann, ist rein spekulativ. So sind z. B. Aussagen im Hinblick auf das »Überleben nach dem Tode« in diesem Zusammenhang völlig ungerechtfertigt.
So scheint »kaum mehr eine Möglichkeit übrigzubleiben, die Existenz der *Präkognition* zu leugnen. Wie sehr auch eine solche Schlußfolgerung gegen unsere eingefahrenen Denkgewohnheiten verstoßen mag, die experimentelle Strenge und die statistische Ergiebigkeit der Experimente sind derart, daß die Kritik mattgesetzt wird. Wenn nicht alle diese Forscher und die unabhängigen Versuchspersonen und Kollegen, die an der Untersuchung beteiligt waren, aktive Betrüger sind, dann bleibt nichts anderes übrig, als zu schließen, daß gewisse Menschen eine Fähigkeit besitzen, die sie instand setzt, Ereignisse in der unmittelbaren Zukunft vorauszusagen[2]«.

Schon aus dem wenigen, was hier über die Parapsychologie gesagt wurde, dürfte der Schluß erlaubt sein, daß es wichtig wäre, wenn sich noch mehr Psychologen und andere Wissenschaftler um die parapsychologischen Probleme bemühen würden.

[1] L. 11, S. 725. – [2] L. 11, S. 73.

1 Norbert WIENER war (1948) einer der ersten, der Computer und elektronische Rechenautomaten auch zur Untersuchung psychologischer Fragestellungen verwandte. Er entdeckte beim Studium der Regelung und Steuerung von elektronischen Automaten, der *Kybernetik*, daß sich auch menschliche geistige Funktionen, wie Leistungen des Nervensystems, Wahrnehmungsprozesse und Lernvorgänge, mit Hilfe elektronischer Automaten als Regelungs- und Steuerungsprobleme nachvollziehen, simulieren lassen. Besonders die Untersuchungen von Ross ASHBY (1960) haben gezeigt, daß man gewisse Aspekte des nervösen Geschehens modellhaft mit Automaten darstellen kann. Es ist zu vermuten, daß man aus diesem Studium bald wichtige Erkenntnisse über die geistigen Funktionen des Menschen gewinnen wird[1].

2 Als *Informationstheorie* bezeichnet man die Lehre von der Übermittlung von Information und Signalen, die nicht nur in der Nachrichtentechnik verwendet wird. Dabei werden auch »Meldungen«, wie menschliche Wahrnehmungen, persönliche Erfahrungen und Mitteilungen, als Vorgänge verstanden, die Information, Wissen vermitteln und Entscheidungen beeinflussen. Die Informationstheorie steht in enger Verbindung zur Kybernetik.

3 Die weitverbreitete Meinung, daß hochintelligente Menschen meist körperlich schwach, sportlich untauglich und gefühlsmäßig unausgeglichen sind, stimmt allgemein nicht. Bei umfangreichen Untersuchungen zeigte sich, daß Menschen mit einer hohen Intelligenz auch eine überdurchschnittlich gute Gesundheit und besondere sportliche Leistungsfähigkeit besitzen. Bei unterdurchschnittlich intelligenten Menschen finden sich häufiger Krankheiten, geringe Leistungsfähigkeit, schwache Initiative, Mangel an Interessen und seelische Unausgeglichenheit[2].

4 Einen ausführlichen Überblick über die *Geschichte der Psychologie* gibt FLUGEL: »Hundred Years of Psychology[3]«.

[1] Friedhart KLIX (Hg.), L. 68. – [2] Lewis M. TERMAN und Melitta H. ODEN, L. 126. – [3] L. 35.

Eine neuere Zusammenfassung, speziell der Geschichte der Kongresse der experimentellen Psychologie in Deutschland, findet sich in einem Festvortrag von W. WITTE zum 25. Kongreß der Deutschen Gesellschaft für Psychologie in Münster 1966[1].

5 In seinem 1914 erschienenen Buch »Lebensformen[2]« ordnet SPRANGER jedem Kulturgebiet einen entsprechenden Haupttyp des Menschen zu. Er unterscheidet den theoretischen, ökonomischen, ästhetischen, sozialen, religiösen und den Machtmenschen.

6 Seit 1965 veröffentlicht das Deutsche Jugendinstitut in München eine DOKUMENTATION (Jugendforschung, Jugendhilfe, Jugendpolitik). Als Beilage zu 2–68: Bibliographie: Studentenunruhen.

7 Die wichtigsten Vertreter dieser Forschungsrichtung sind Borislaw MALINOWSKI[3], Margret MEAD[4] und Ruth BENEDICT[5].

8 Die Ausführungen (S. 103–109) sind zum größten Teil einem nur wenig ausführlicheren Aufsatz des Verfassers entnommen, der in einer Festschrift für Robert HEISS[6] erschienen ist.

9 Hierzu noch ein *Sonderproblem:* Es ist zu fürchten, daß die Politik der farbigen Völker in den nächsten Jahrzehnten dadurch noch zu großen zusätzlichen Schwierigkeiten führen wird, daß viele der dort verantwortlichen Menschen mit starken Ressentiments belastet sind. Sie wurden bisher durch die *Rassenvorurteile* der Weißen, durch ungeschickte und ungerechte Behandlung dauernd diskriminiert und sind darum jetzt überaus leicht zu verletzen. So dürfte es ihnen noch mehr als anderen schwerfallen, sachlich zu arbeiten. Darum muß gefragt werden, ob und welche Möglichkeiten es gibt, dieses den einzelnen Politikern bewußt zu machen.

10 Der Supervisor hat vor allem die Aufgabe, mit den jungen Sozialarbeitern die Probleme ihrer Tätigkeit durchzuarbeiten. Der Supervisor hat nicht, wie aus der wörtlichen Übersetzung angenommen werden könnte, eine Vorgesetztenfunktion.

11 Die folgenden Ausführungen über die Erziehungsberatung

[1] L. 134. – [2] L. 120. – [3] L. 84. – [4] L. 86. – [5] L. 12. – [6] L. 15.

sind z. T. einem Vortrag »Zur Situation der Erziehungsberatung[1]« entnommen.

12 Für die Behandlung ergibt sich folgende Schwierigkeit: Sowohl der Psychologe als auch der Arzt muß, wenn er im Sinne FREUDS und einiger seiner Nachfolger therapeutisch arbeiten will, eine sehr intensive und kostspielige Zusatzausbildung durchlaufen. Der Psychologe darf allerdings auch nach Abschluß dieser Zusatzausbildung nur dann als Therapeut tätig sein, wenn er sich der Aufsicht eines Arztes unterstellt oder wenn er eine Prüfung als Heilpraktiker ablegt.
Dieses *Heilpraktikergesetz* stammt noch aus der nationalsozialistischen Zeit; seine Aufhebung wäre sehr wünschenswert[2].

13 Das *Einwegfenster* sollte aus ethischen Gründen bei Jugendlichen und Erwachsenen im allgemeinen nur mit deren Zustimmung benutzt werden.

14 Dazu genügt es nicht, daß eine Bestätigung der Schriftdeutung durch den Geprüften vorliegt. Wenn ein Mensch nämlich auch meint, daß ein graphologisches Gutachten ihn in seinen Persönlichkeitszügen und Besonderheiten zutreffend beurteilt hat, so muß dies nicht bedeuten, daß er tatsächlich so ist, wie ihn das Gutachten schildert. Hermann KRÜGER und Karl ZIETZ[3] haben bereits 1933 eine Gruppe der Hamburger Volkshochschule gebeten, eine Schriftprobe abzugeben, die sie deuten wollten. Allen Versuchspersonen wurde später ein gleichlautendes Gutachten gegeben. Als sie befragt wurden, ob dieses Gutachten sie richtig charakterisiert habe, antworteten alle mit »Ja«.

15 Der Begriff des *Messens* in der Psychologie ist durch Stanley S. STEVENS[4] präzisiert worden. Als Messen versteht er jede Zuordnung von Zahlen nach vorher bestimmten Vorschriften zu Objekten, Ereignissen und Versuchspersonen. Diese Zuordnung kann auf drei Arten erfolgen: *Erstens* können die Zahlen als Namen der Klassen verwandt werden, z. B. für die Klassen »Männlich« und »Weiblich« die Zahlen 1 und 2; man nennt solche Stufenfolgen dann *Nominalskalen*. *Zweitens* können die Zahlen, die für Ereignisse stehen, in einer ganz bestimmten

[1] L. 16. – [2] Sie wird zur Zeit (Mai 1969) von ärztlicher Seite diskutiert. – [3] L. 75. – [4] Peter R. HOFSTÄTTER und Dirk WENDT, L. 56.

Rangordnung aufeinander folgen. Bei solchen Rangabstufungen, *Ordinalskalen*, weiß man dann, daß die nächstfolgende Zahl Ereignisse umfaßt, die jeweils größer als das vorhergehende sind, z. B. der zeitlich gestaffelte Einlauf verschiedener Ratten in das Ziel eines Labyrinths. *Drittens* kann man Ereignisse auf einer Skala anordnen, bei der man weiß, daß der Abstand von einer Zahl zur anderen gleich *und* daß die nächstfolgende Zahl größer als die vorhergehende ist. Bei diesen *Intervallskalen* kann man allerdings nicht feststellen, wo der Nullpunkt einer Meßreihe liegt. Das beste Beispiel hierfür ist eine Intelligenzskala, bei der wir wissen, daß der Abstand von IQ 110 zu 120 ebenso groß ist wie von 80 zu 90, aber auch wissen, daß 90 größer als 80 ist und 120 größer als 110.

Der Fall einer *Verhältnisskala*, bei der man auch den Nullpunkt kennt, ist in der Psychologie selten. Beispiele für eine solche Skala finden sich in der Physik bei Temperatur- und bei Luftdruckmessungen.

16 Der sogenannte Pearson-Bravais'sche oder Produkt-Moment-Korrelationskoeffizient kann zwischen den Grenzen von +1 und – 1 schwanken. Dabei bedeutet eine Höhe von +1 eine maximale Übereinstimmung, von – 1 eine völlige Gegenläufigkeit und von 0 überhaupt keine Übereinstimmung. Von C. E. SPEARMAN (1904)[1] stammt ein ähnlicher Koeffizient für Meßwerte, die nur einer Rangfolge nach geordnet sind.

17 Allerdings ist eine inhaltliche Bestimmung der mathematisch gefundenen Faktoren nicht möglich. Diese muß nach psychologischen Argumenten aus den Gemeinsamkeiten der Aufgaben erfolgen, die zusammen einen gefundenen Faktor ausmachen. Das Ergebnis einer *Faktorenanalyse* zeigt nur an, wie viele Faktoren an der Gesamtheit der Leistungen beteiligt sind, welche Faktoren auf die einzelnen Aufgaben einwirken und in welchem Ausmaß jede Aufgabe mit ihren Faktoren »geladen« ist.

Das Verfahren der Faktorenanalyse wurde durch THURSTONE, SPEARMAN, HARMAN und HORST weiter ausgebaut. Das von THURSTONE 1935 beschriebene Verfahren der »multiplen Faktorenanalyse« dürfte am häufigsten angewendet werden.

18 Im Gegensatz zur amerikanischen Regelung, bei der es nur

[1] L. 74.

einen einheitlichen Verband für Theoretiker und Praktiker gibt, sind in Deutschland zwei Verbände. Der »*Berufsverband Deutscher Psychologen (BDP)*[1]« umfaßt vor allem die in der Praxis tätigen Psychologen, während in der »*Deutschen Gesellschaft für Psychologie*« vor allem die in Forschung und Lehre an den Universitäten tätigen Psychologen organisiert sind. Beide Verbände arbeiten in einer Föderation zusammen.

19 Schon in Kapitel I wurde darauf hingewiesen, daß die Öffentlichkeit ein eigentümlich verzerrtes Bild vom Psychologen und seiner Tätigkeit hat. Das hängt auch damit zusammen, daß viele Menschen die Psychologie mit der Psychiatrie verwechseln. Manche wissen nicht genau, was der Unterschied zwischen einem Psychiater, einem Psychologen, einem Psychotherapeuten oder einem Physiologen ist.

Der *Psychiater* besitzt eine medizinische Ausbildung und beschäftigt sich vor allem mit seelisch schwerkranken Menschen, in der Hauptsache mit Geisteskranken. Der *Psychologe*, der in der philosophischen, gelegentlich auch in der naturwissenschaftlichen Fakultät ausgebildet wird, hat es vor allem mit dem Seelenleben des gesunden Menschen zu tun. Zwischen diesen beiden Gruppen, der eindeutig seelisch Kranken und der seelisch Gesunden, befinden sich die vielen nur leicht gestörten Menschen, mit denen sich sowohl der Psychiater als auch der Psychologe beschäftigt. Der *Psychotherapeut*, der im allgemeinen eine medizinische oder psychologische Vorbildung hat, beschäftigt sich mit der Behandlung seelischer Erkrankungen. Der *Physiologe* untersucht die Leistungen und die Arbeitsweise lebender Organismen oder von Teilen von ihnen.

20 Andere psychologische Methoden, deren Wert heute oft wegen ihrer mangelnden Überprüfbarkeit bezweifelt wird, sind u. a. die *Kasuistik*, d. h. die Sammlung von einzelnen praktischen Beispielen, wie etwa Krankheitsvorfällen und Verhaltensauffälligkeiten, und die Erforschung des menschlichen *Lebenslaufes* durch die Analyse von Biographien[2].

[1] Psychologen Taschenbuch (BDP) 1968[6] (6 Frankfurt, Freiherr-vom-Stein-Straße 48). – [2] Bühler, Charlotte, Harvey, Hermann, und Kube, Ella, L. 22.

Literaturverzeichnis

1 ABRAHAM, Karl, »Psychologische Studien zur Charakterbildung«, Leipzig 1925[1], Frankfurt 1969[2].

2 ADLER, Alfred, »Menschenkenntnis«, Zürich 1926[1], 1957[7] (TA: Fischer Bücherei 726).

3 ADORNO, Theodor W., »The Authoritarian Personality«, New York 1950[1], 1964[2].

4 AICHHORN, August, »Verwahrloste Jugend«, Bern/Stuttgart 1925[1], 1969[6].

5 ALLPORT, Gordon W., »Persönlichkeit«, Stuttgart 1959[1]. Neuauflage unter dem Titel: »Gestalt und Wachstum der Persönlichkeit«, Meisenheim 1970[2]; amerik.: »Personality, a Psychological Interpretation«, New York 1937.

6 ALLPORT, Gordon W., »Treibjagd auf Sündenböcke«, Berlin/Bad Nauheim 1951; amerik.: »ABC's of Scapegoating«, Chicago 1948.

7 ANGRESS, Werner T., »Auswandererlehrgut Groß Breesen«, in: Year Book X of the Leo Baeck Institute, London 1965.

8 BAAKE, Dieter, »Beat – die sprachlose Opposition«, München 1968.

9 BEDNARIK, Karl, »Der junge Arbeiter von heute – ein neuer Typ«, Stuttgart 1953.

10 BEDNARIK, Karl, »Die unheimliche Jugend«, Wien/Berlin 1969.

11 BENDER, Hans (Hg.), »Parapsychologie – Entwicklung, Ergebnisse, Probleme«, Darmstadt 1966.

12 BENEDICT, Ruth, »Urformen der Kultur« (TA: rde 7); amerik.: »Patterns of Culture«, New York 1934.

13 BERNARD, Lutter L., »Instinct«, New York 1924.

14 BLOOM, Benjamin S., »Stability and Change in Human Characteristics«, New York 1964; deutsch: »Stabilität und Veränderung menschlicher Merkmale«, Weinheim/Berlin 1971.

15 BONDY, Curt, »Bewußtmachung«, in: »Dialektik und Dynamik der Person«, Köln 1963.

16 BONDY, Curt, »Zur Situation der Erziehungsberatung«, in: »Unsere Jugend«, 1966, 4.

17 Bondy, Curt, »Was ist eigentlich Intelligenz?«, in: »Kristall«, 1966, 11.
18 Bondy, Curt (Hg.), »Die Messung der Intelligenz Erwachsener«, Bern 1956[1], 1964[3].
19 Bondy, Curt, Braden, Jan, Cohen, Rudolf, Eyferth, Klaus, »Jugendliche stören die Ordnung«, München 1957.
20 Bracken, Helmut von (Hg.), »Vorurteile, ihre Erforschung und ihre Bekämpfung«, Frankfurt 1964[1], 1967[2].
21 Brown, Claude W., »Im gelobten Land«, München 1966; amerik.: »Manchild in the Promised Land«, New York 1966.
22 Bühler, Charlotte, Harvey, Hermann, Kube, Ella, »Der menschliche Lebenslauf als psychologisches Problem«, Wien 1933[1], Göttingen 1959[2].
23 Cattell, Raymond B., »Personality«, London/New York 1950.
24 Cole, Luella, »Psychology of Adolescence«, New York 1936[1], 1961[5].
25 Correll, Werner, »Programmiertes Lernen und Lehrmaschinen«, Braunschweig 1965[1], 1967[2].
26 Dührssen, Annemarie, »Psychotherapie bei Kindern und Jugendlichen«, Göttingen 1960[1], 1968[2].
27 Erikson, Erik H., »Kindheit und Gesellschaft«, Stuttgart 1961[1], 1968[3]; amerik.: »Childhood and Society«, New York 1950.
28 Erikson, Erik H., »Identität und Lebenszyklus«, Frankfurt 1966; amerik.: »Identity and Life Cycle«, New York 1959.
29 Erikson, Erik H., »Der junge Mann Luther. Eine psychoanalytische und historische Studie«, München 1958[1], 1964[2] (TA: rororo Sachbuch 6733/34); amerik.: »Young Man Luther. A Study in Psychoanalysis and History«, New York 1958
30 Eyferth, Klaus, Brandt, Ursula, Hawel, Wolfgang, »Farbige Kinder in Deutschland. Die Situation der Mischlingskinder und die Aufgaben ihrer Eingliederung«, München 1960.
31 Eysenck, Hans J., »Structure of Human Personality«, London 1953, New York 1960.

32 Fahrenberg, Jochen, »Psychophysiologische Persönlichkeitsforschung«, Göttingen 1967.

33 Fechner, Gustav Theodor, »Elemente der Psychophysik«, Leipzig 1860[1], 1964[4].

34 Fichte, Hubert, »Die Palette«, Hamburg 1968.

35 Flugel, John C., »Probleme und Ergebnisse der Psychologie«, Stuttgart 1950; engl.: »Hundred Years of Psychology (1833 bis 1933)«, London 1948; Ergänzungsband (1933 bis 1963), London 1964.

36 Foppa, Klaus, »Lernen, Gedächtnis, Behalten«, Köln 1965[1], 1968[4].

37 Freud, Anna, »Das Ich und die Abwehrmechanismen«, London 1946[1], 1958[3] (TA: Kindler Bd. 2001).

38 Freud, Sigmund, »Gesammelte Werke«, London 1941, 1946, 1955, Frankfurt 1961/68.

39 Freud, Sigmund, »Studienausgabe« (Erste kommentierte deutsche Freud-Edition), Hg.: Alexander Mitscherlich u.a., 10 Bde, Frankfurt 1969/71.

40 Freud, Sigmund, »Kurzer Abriß der Psychoanalyse« (1928), und »Das Unbehagen in der Kultur« (1930) (TA: Fischer Bücherei 47).

41 Freud, Sigmund, »Zur Psychopathologie des Alltagslebens« (1904) (TA: Fischer Bücherei 68).

42 Freud, Sigmund, »Totem und Tabu« (1914) (TA: Fischer Bücherei 147).

43 Freud, Sigmund, »Der Witz und seine Beziehung zum Unbewußten« (1905) (TA: Fischer Bücherei 193).

44 Freud, Sigmund, »Drei Abhandlungen zur Sexualtheorie« (1905) (TA: Fischer Bücherei 422)

45 Freud, Sigmund, »Die Traumdeutung« (1899) (TA: Fischer Bücherei 428/29).

46 Fromm, Erich, »Die Furcht vor der Freiheit«, Zürich 1945[1], Frankfurt 1968[2] (TA: Sammlung »res novae« 34); amerik.: »Escape from freedom«, New York 1941.

47 Fromm, Erich, »Psychoanalyse und Ethik«, Zürich 1954[1], Stuttgart/Konstanz 1965[2]; amerik.: »Man for Himself«, New York/Toronto 1947.

48 Fromm, Erich, »Die Kunst des Liebens« (TA: Ullstein

Bücher 258); amerik.: »The Art of Loving«, New York 1956.
49 GRAUMANN, Carl F. (Hg.), »Denken«, Köln 1965[1], 1967[3].
50 GUILFORD, Joy P., »Persönlichkeit«, Weinheim/Berlin 1964[1], 1966[3]; amerik.: »Personality«, New York 1959.
51 HEISS, Robert, »Die Deutung der Handschrift«, Hamburg 1943[1], 1966[3].
52 HERRMANN, Walter, »Das Hamburger Jugendgefängnis Hahnöfersand«, Hamburg 1923[1], 1926[2].
53 HÖRMANN, Hans, »Psychologie der Sprache«, Heidelberg/New York 1967[1], 1970[2].
54 HOFSTÄTTER, Peter R., »Psychologie« (Das Fischer Lexikon 6) 1957[1], 1970[16].
55 HOFSTÄTTER, Peter R., »Gruppendynamik« (TA: rde 38), Hamburg 1957[1], 1968[9].
56 HOFSTÄTTER, Peter R., WENDT, Dirk, »Quantitative Methoden der Psychologie«, München 1966[2], 1967[3] (1. Aufl.: HOFSTÄTTER, Peter R., »Einführung in die quantitativen Methoden der Psychologie«, München 1954).
57 HOFSTÄTTER, Peter R., TACK, Werner H., »Menschen im Betrieb«, Stuttgart 1967.
58 HORNEY, Karen, »Neue Wege in der Psychoanalyse«, Stuttgart 1951; amerik.: »New Ways in Psychoanalysis«, New York 1934.
59 HORNEY, Karen, »Der neurotische Mensch unserer Zeit« (TA: Kindler 2002); amerik.: »The Neurotic Personality In Our Time«, New York 1937.
60 JACOBSEN, Hans-Adolf, DOLLINGER, Hans, »Die deutschen Studenten. Der Kampf um die Hochschulreform«, München 1968[1], 1969[2].
61 JÄGER, Adolf O., »Dimensionen der Intelligenz«, Göttingen 1967.
62 JAIDE, Walter, »Junge Arbeiterinnen«, München 1969.
63 JORES, Arthur, KÉREKJARTÓ, Margit von, »Der Asthmatiker. Ätiologie und Therapie des Asthma bronchiale in psychologischer Sicht«, Bern/Stuttgart 1967.
64 JUNG, Carl G., »Psychologische Typen«, Zürich 1921[1], 1966[10].

65 Jung, Carl G., »Bewußtes und Unbewußtes«, Frankfurt 1962 (TA: Fischer Bücherei 175).
66 Kellogg, Winthrop N., Kellogg, Louella A., »The Ape and the Child«, New York 1933.
67 Kemper, Werner, »Der Traum und seine Be-Deutung (TA: rde 4).
68 Klix, Friedhart (Hg.), »Kybernetische Analysen geistiger Prozesse«, Berlin-Ost 1968.
69 Kluckhohn, Clyde, Murray, Henry A., »Personality in Nature, Society and Culture«, New York 1949.
70 Köhler, Wolfgang, »Intelligenzprüfung an Anthropoiden«, in: Abhandlungen der Königlich Preußischen Akademie 1, 1917, Berlin/Göttingen/Heidelberg 1921^{1}, 1963^{3}.
71 Kramp, Willi, »Brüder und Knechte«, München 1965.
72 Krech, David, Crutchfield, Richard S., »Grundlagen der Psychologie«, 2 Bde, Weinheim/Berlin 1968/1969; amerik.: »Elements of Psychology«, New York 1958.
73 Kretschmer, Ernst, »Körperbau und Charakter«, Berlin 1931^{1}, 1967^{25}.
74 Krueger, Felix, Spearman, Charles, »Die Korrelation zwischen verschiedenen geistigen Leistungsfähigkeiten«, in: Zeitschrift für Psychologie 44, 1907.
75 Krüger, Hermann, Zietz, Karl, »Zum Verifikationsproblem«, in: Zeitschrift für Angewandte Psychologie 45, 1933.
76 Künkel, Fritz, »Einführung in die Charakterkunde«, Leipzig 1928^{1}, Stuttgart 1968^{14}.
77 Le Bon, Gustave, »Psychologie der Massen«, Leipzig 1908^{1}, Stuttgart 1968^{13}; frz.: »Psychologie des foules«, Paris 1895.
78 Lempp, Reinhart, »Frühkindliche Hirnschädigung und Neurose«, Stuttgart 1964^{1}, 1969^{2}.
79 Lersch, Philipp, »Aufbau der Person«, München 1938^{1}, 1966^{10}.
80 Lienert, Gustav A., »Testaufbau und Testanalyse«, Weinheim/Berlin 1961^{1}, 1969^{3}.
81 Lienert, Gustav A., »Verteilungsfreie Methoden in der Biostatistik«, Weinheim/Berlin 1962^{1}, 1968^{2}.
82 Lombroso, Cesare, »Der geborene Verbrecher«, Leipzig 1887; ital.: »L'uomo delinquente«, Turin 1876.

83 LORENZ, Konrad, »Über tierisches und menschliches Verhalten«, 2 Bde, München 1965/66.
84 MALINOWSKI, Borislaw, »Geschlechtstrieb und Verdrängung in primitiven Gesellschaften« (TA: rde 139/40); engl.: »Sex and Repression in Savage Society«, New York 1927.
85 MATARAZZO, Joseph D., »Psychotherapeutic Processes«, in: Annual Review of Psychology 16, 1965.
86 MEAD, Margret, »Geschlecht und Temperament in primitiven Gesellschaften« (TA: rde 96); amerik.: »Sex and Temperament in Primitive Societies«, New York/London 1935.
87 MEILI, Richard, ROHRACHER, Hubert, »Lehrbuch der experimentellen Psychologie«, Bern/Stuttgart 1963[1], 1968[2].
88 METZGER, Wolfgang, »Der Geltungsbereich gestalttheoretischer Ansätze«, in: F. MERZ (Hg.): Bericht über den 25. Kongreß der Deutschen Gesellschaft für Psychologie, Göttingen 1967.
89 MORENO, Jacob L., »Die Grundlagen der Soziometrie«, Köln 1954[1], 1967[2]; amerik.: »Who shall survive?«, New York 1934.
90 MÜLLER-KÜPPERS, Manfred, »Das leicht hirngeschädigte Kind«, Stuttgart 1969.
91 MÜNSTERBERG, Hugo, »Grundzüge der Psychotechnik«, Leipzig 1914[1], 1920[2].
92 NOHL, Hermann, »Einführung in die Philosophie«, Frankfurt 1935[1], 1967[7].
93 NOHL, Hermann, »Charakter und Schicksal«, Frankfurt 1938[1], 1963[6].
94 NOHL, Hermann, »Der Sinn der Strafe« (1925), in: »Pädagogik aus 30 Jahren«, Frankfurt 1949, und in: »Aufgaben und Wege der Sozialpädagogik« (Kleine pädagogische Texte, Bd. 35) ,Weinheim 1965.
95 PACKARD, Vance, »Die geheimen Verführer«, Düsseldorf 1958[1], 1965[10] (TA: Ullstein Bücher 402); amerik.: »The Hidden Persuaders«, New York 1957.
96 PATZIG, Günther, »Hintergründe der studentischen Unruhe«, Georgia Augusta Göttingen 1970
97 PAWLIK, Kurt, »Dimensionen des Verhaltens«, Stuttgart/Bern 1968.

98 Pawlow, Ivan P., »Sämtl. Werke«, Berlin 1953/55, Bd. III.
99 Plato, »Der Staat«, 4. und 9. Band (TA: Goldmanns Gelbe Taschenbücher 891/92).
100 Portmann, Adolf, »Zoologie und das neue Bild vom Menschen«, Hamburg 1956 (TA: rde 20).
101 Richter, Horst-Eberhard, »Eltern, Kind, Neurose«, Stuttgart 1963[1], 1967[2] (TA: rororo Ratgeber 6082/83).
102 Richter, Horst-Eberhard, »Patient Familie«, Reinbek bei Hamburg 1970.
102 A Riegel, Klaus, »Untersuchungen sprachlicher Leistungen und ihre Veränderungen«, in: Zeitschrift für allgemeine und angewandte Psychologie, 1968, 15, 649—692.
103 Roracher, Hubert, »Kleine Charakterkunde«, Wien 1969[12].
104 Rorschach, Hermann, »Psychodiagnostik«, Bern/Stuttgart 1921[1], 1962[8].
105 Rothacker, Erich, »Die Schichten der Persönlichkeit«, Bonn 1938[1], 1966[7].
106 Sargent, S. Stansfield, »Social Psychology«, New York 1950[1], 1958[2].
107 Schelsky, Helmut, »Die skeptische Generation«, Düsseldorf 1957[1], 1960[4].
108 Schultz-Hencke, Harald, »Der gehemmte Mensch«, Stuttgart 1937[1], 1967[4].
109 Schultz-Hencke, Harald, »Lehrbuch der analytischen Psychotherapie«, Stuttgart 1951[1], 1970[3].
110 Selby, Hubert, »Letzte Ausfahrt Brooklyn«, Reinbek bei Hamburg 1968.
111 Sherif, Mustafer, »A Study of some social factors in perception«, in: Arch. Psychol. 187, 1935.
112 Sherif, Mustafer, Sherif, Carolyn W., »Groups in Harmony and Tension«, New York 1953.
113 Sixtl, Friedrich, »Meßmethoden der Psychologie«, Weinheim 1967.
114 Skinner, Burrhus F., »Science and Human Behavior«, New York 1953[1], 1956[2].
115 Slawson, Samuel R., »Einführung in die Gruppentherapie«, Göttingen 1956; amerik.: »An Introduction to Group Therapy«, New York 1950.

116 SPENDER, Stephen, »Das Jahr der jungen Rebellen«, Berlin/München 1969; engl.: »The Year of the young rebels«, London/New York/Paris/Prag 1969.
117 SPIETH, Rudolf, »Der Mensch als Typus«, Stuttgart 1949.
118 SPITZ, René, »Die Entstehung der ersten Objektbeziehungen«, Stuttgart 1957[1], 1960[2].
119 SPRANGER, Eduard, »Psychologie des Jugendalters«, Heidelberg 1924[1], 1966[28].
120 SPRANGER, Eduard, »Lebensformen«, Leipzig 1914[1], Tübingen 1966[9] (TA: Siebenstern 35/36).
121 STERN, William, »Allgemeine Psychologie auf personalistischer Grundlage«, Den Haag 1934[1], 1950[2].
122 STERN, William, »Die Intelligenzprüfung an Kindern und Jugendlichen«, Leipzig 1916[1], 1920[3].
123 STERN, William, »Die differentielle Psychologie in ihren methodischen Grundlagen«, Leipzig 1911[1], 1921[3].
124 STERN, William, »Psychologie der frühen Kindheit bis zum 6. Lebensjahr«, Heidelberg 1914[1], 1967[9].
125 TAUSCH, R., »Gesprächs-Psychotherapie«, Göttingen 1968[2].
126 TERMAN, Lewis M., ODEN, Melita H., »The Gifted Child Grows Up«, London 1947.
127 THOMAE, Hans, LEHR, Ursula, »Altern. Probleme und Tatsachen«, Frankfurt 1968.
128 THOMPSON, Hunter H., »Hell's Angels«, New York 1966.
129 TOMAN, Walter, »Dynamik der Motive«, Frankfurt/Wien 1954[1], Darmstadt 1970[2].
130 ULMANN, Gisela, »Kreativität«, Weinheim/Berlin 1968.
131 WALTER, Grey, »Das lebende Gehirn«, Köln 1963; engl.: »The living brain«, London 1953.
132 WATSON, John B., »Psychology from the Standpoint of a Behaviorist«, London 1919[1], 1924[2].
133 WATSON, John B., »Der Behaviorismus«, Berlin 1930[1], Köln 1968[2]; amerik.: »Behaviorism«, New York 1924.
134 WITTE, Wilhelm, »25 Kongresse – ein Stück Wissenschaftsgeschichte«, in: F. MERZ (Hg.): Bericht über den 25. Kongreß der Deutschen Gesellschaft für Psychologie, Göttingen 1967.
135 WOLMAN, Benjamin B., »Handbook of Clinical Psychology«, Kap. 40, New York 1965.

Sachregister

Personenregister

Philipp Miller

Einführung in die Graphologie

Ullstein Buch 4080

ein Ullstein Buch

Schritt für Schritt, mit viel didaktischem Geschick, führt der Autor in die schwierige Materie der Graphologie ein. An Hand der zahlreichen Schriftproben kann sich auch der ganz Uneingeweihte wertvolle Kenntnisse erwerben. Die Formelemente werden systematisch zerlegt und erklärt. Durch die kompletten Schriftanalysen am Schluß wird der Leser mit der Arbeitsweise des Graphologen bekannt.

Erich Franzen

Testpsychologie

neu durchgesehene
und ergänzte Auflage

Ullstein Buch 181

ein Ullstein Buch

Sind Charakter und Persönlichkeit meßbar? Als die Psychologie sich von der Metaphysik löste und zur Erfahrungswissenschaft entwickelte, begann man den Menschen als einen Teil der Natur anzusehen, der experimentell erfaßt werden konnte. Forschungen haben zu Testverfahren geführt, mit denen man die Intelligenz, den Charakter und die Persönlichkeit eines Menschen zu bestimmen oder zu messen versucht.
Dieses Buch gibt einen vorzüglichen Überblick über die Entwicklung der Testpsychologie von ihren Anfängen bis zu den letzten Erkenntnissen in- und ausländischer Wissenschaftler.

Erich Fromm

Die Kunst des Liebens

Ullstein Buch 258

»Liebe ist die einzige vernünftige und befriedigende Antwort auf das Problem der menschlichen Existenz.« Doch die meisten Menschen sind nicht imstande, ihre Fähigkeit zum Lieben zu entwickeln: zu einer Liebe, die Reife, Selbsterkenntnis und Mut umfaßt. Der Autor diskutiert die Liebe in allen Aspekten, nicht nur die romantische, von so vielen falschen Vorstellungen umgebene Liebe, sondern auch die Liebe der Eltern zu ihren Kindern, Nächstenliebe, erotische Liebe, Selbstliebe und die Liebe zu Gott.

ein Ullstein Buch

Daniel Paul Schreber

Denkwürdigkeiten eines Nervenkranken

Herausgegeben und eingeleitet von Samuel M. Weber

Ullstein Buch 2957

ein Ullstein Buch

Der »Fall Schreber« ist für die Psychoanalyse ein einmalig interessanter Fall.
Im Jahre 1903 erschien das Buch des Senatspräsidenten Schreber und wurde kurz darauf auf Antrag der Familie wieder eingestampft.
Schreber schilderte darin aus eigener Sicht die Geschichte seiner Krankheit Dementia praecox. Neben dem »subjektiv« geschilderten Fall finden sich in dieser Ausgabe auch die »objektiven« Krankenberichte und Gutachten.

Ann Faraday

Die positive Kraft der Träume

Ullstein Buch 3162

ein Ullstein Buch

Ann Faraday, Psychologin und Traumforscherin, hat nach langjähriger Arbeit eine Methode entwickelt, mit der man sich seiner Träume erinnern und sie selbst deuten kann. Sie widerlegt damit die Behauptung, daß wir unsere Träume nur mit Hilfe von Psychoanalytikern verstehen können. Dieses Buch zeigt den Weg zu einer neuen Quelle psychischer Kraft.